VERLAG
FRITZ
MOLDEN

Hugh Trevor-Roper

DER AUFSTIEG DES CHRISTLICHEN EUROPA 325–1492

MIT 124 ABBILDUNGEN,
DAVON 18 IN FARBE

Verlag Fritz Molden · Wien-München-Zürich

1. Auflage

Aus dem Englischen übertragen von
REINHOLD KNOLL

Titel der englischen Originalausgabe
THE RISE OF CHRISTIAN EUROPE

Schutzumschlag: Hans Schaumberger, Wien
Schrift: Garmond Garamond-Antiqua
Satz: Filmsatz auf Linofilm-Super-Quick
Druck: Jarrold and Sons Ltd., Norwich, England
ISBN 3-217-00375-6

Inhalt

I Die Phasen des Fortschritts

Heute ist es modern, von einer Entwertung europäischer Geschichte zu sprechen, als ob ihr die Historiker in der Vergangenheit zu große Beachtung geschenkt hätten – und als ob wir ihr heutzutage weniger Aufmerksamkeit erweisen sollten. Studenten in den Anfangssemestern, wie immer von den wechselnden journalistischen Moden verführt, fordern die Einführung eines Lehrfachs Geschichte Schwarz-Afrikas. Vielleicht wird es in Zukunft eine afrikanische Geschichte geben. Gegenwärtig jedoch gibt es keine oder nur eine äußerst begrenzte: die Geschichte der Europäer in Afrika. Der Rest liegt weithin im Dunkel, genau wie die europäische Frühgeschichte oder die Geschichte Amerikas vor Kolumbus. Und Unbekanntes ist nicht Gegenstand der Geschichtsschreibung.

Man soll mich hier nicht mißverstehen. Ich leugne nicht, daß auch in unbekannten Ländern und finsteren Jahrhunderten Menschen lebten oder daß sie ein politisches Leben und eine Kultur besaßen, die für Soziologen und Anthropologen interessant wären; ich glaube jedoch, daß Geschichte im wesentlichen eine Form der Entwicklung, und zwar einer zielgerichteten Entwicklung ist. Sie ist nicht ein bloßes Abbild sich verändernder Gestalten und Gewänder, wechselnder Kriege und Siege, Dynastien und Eroberungen, Gesellschaftsformen und gesellschaftlicher Auflösungsprozesse. Wenn der Geschichtsablauf überall gleichartig ist, wie man heute teilweise annimmt, gibt es keinen vernünftigen Grund, warum wir einen bestimmten Abschnitt davon einem anderen vorziehen sollten; denn alles zu erforschen, ist beim heutigen Stand der Forschung unmöglich. Dann allerdings könnten wir unsere eigene Geschichte wirklich vernachlässigen und uns über das für uns recht unwichtige Tun und Treiben wilder Stämme in einem malerischen, aber bedeutungslosen Winkel der Erde unterhalten: über Stämme, deren Hauptfunktion in der Geschichte meiner Meinung nach darin liegt, der Gegenwart ein Bild jener Vergangenheit vor Augen zu führen, von der sie sich im Lauf der Geschichte befreit hat; oder soll ich dem Unwillen der Fachgelehrten zu entgehen trachten, indem ich sage, aus der sie sich verwandelt hat?

Genau wie die großen Historiker des 18. Jahrhunderts, bei denen ich mich in guter Gesellschaft weiß (ein guter Gedanke der Alten ist oft aufschlußreicher als die ganze dokumentarische Pedanterie der Modernen), glaube ich, daß Geschichte, oder vielmehr das Studium der Geschichte, einen Zweck hat. Wir studieren nicht nur zum Vergnügen – obwohl das Studium vergnüglich sein kann –, sondern um aufzudecken, wie wir an den Punkt gelangt sind, auf dem wir heute stehen. Gewiß, man erforschte im 18. Jahrhundert die afro-asiatische „Gesellschaft". Man möge nur bei den großen französischen und schottischen Gelehrten – Montesquieu, Voltaire, Hume, Adam Smith und Millar – nachschlagen. Ihr Interesse galt zweifellos den nichteuropäischen Gesellschaftsformen. In der Absicht, die neue Wissenschaft der Soziologie zu begründen – einen der großen intellektuellen Beiträge zur Aufklärung –, wandten sie sich bewußt von Europa ab. Sie lasen die Berichte europäischer Missionare und versuchten, aus den Bräuchen der Otaheite und der Bewohner der karibischen Inseln allgemeine Schlüsse zu ziehen. Mit der afro-asiatischen Geschichte aber hatten sie, zum Unterschied von ihrem soziologischen Interesse, wenig Geduld. Als der Schriftsteller Samuel Johnson einer alten „Geschichte der Türken" übermäßig großen Beifall zollte, wies der englische Geschichtsschreiber Edward Gibbon ihn scharf zurecht: „Einem aufgeklärten Zeitalter", meinte er, genügten nicht „1300 Folioseiten voll von Reden und Schlachten"; es „erwartet vom Historiker einen gewissen Anstrich von Philosophie und Kritik". „Wenn ihr uns nur zu erzählen habt", meinte Voltaire in seinem Rat an die zeitgenössischen Historiker, „wie an den Gestaden von Oxus oder Jaxarte ein Barbar den anderen ablöste, welchen Vorteil habt ihr der Öffentlichkeit dann erwiesen?" Und David Hume, der sich munter seinen Weg durch die „obskuren und uninteressanten Zeitabschnitte der sächsischen Annalen" bahnte, bemerkte, daß es für „die Wissenschaften ein Glück bedeutete", daß so viele Details barbarischer Grausamkeit „der Stille und Vergessenheit anheimgefallen wären". „Welche Erkenntnis oder welches Vergnügen kann es dem Leser vermitteln", fragte er, „von langen Reihen barbarischer Namen wie Egric, Annas, Ethelbert, Ethelwald, Aldulf, Elfwold, Beorne, Ethelred und wieder Ethelbert zu hören, die nacheinander ermordet oder vertrieben wurden, einander beerbten und auf düstere Weise den Thron" von Ostanglien bestiegen? Das soll nicht heißen, daß sich Hume gegenüber den Problemen der angelsächsischen Geschichte gleichgültig gezeigt hätte. Sein glänzender Nachtrag zu diesem Thema entkräftet jede derartige Verdächtigung. Er unterschied jedoch zwischen Gesellschaft und Geschichte. Für David Hume wie für alle Gelehrten dieser Zeit – ob sie nun radikal oder konservativ waren – bestand der positive Inhalt der Geschichte nicht in der bedeutungslosen Umwälzung passiver oder unzivilisierter Gesellschaften, sondern in der Entwicklung einer Gesellschaft als einem bewußten oder unbewußten Prozeß, durch den sich bestimmte Gesellschaften zu bestimmten Zeiten aus der Barbarei, die einmal allen gemeinsam gewesen war, erhoben hatten; dabei hatten sie durch ihr Beispiel, durch Tauschhandel und Verbreitung von Kunst und Wissenschaft andere Gesellschaften schrittweise in ihre Welt einbezogen und sie zugleich mit sich selbst zur „vollen Erkenntnis und Freiheit des 18. Jahrhunderts" geführt.

Obwohl es heute zur Mode gehört, Erkenntnis und Freiheit kritischer zu beurteilen, glaube ich doch, daß sich die wesentliche Rolle der Geschichte nicht geändert hat. Und blieb die Rolle unverändert, so blieb es noch vielmehr ihr Wesen. Es mag wohl sein, daß die Zukunft den nicht-europäischen Völkern gehört, daß die „Kolonialvölker" Afrikas und Asiens jene Vorherrschaft über die Welt erben, die der „imperialistische" Westen nicht länger behaupten kann. Solche Verschiebungen im politischen Schwerpunkt der Welt, die Verdrängung imperialistischer Mächte durch ihre früheren Kolonien, hat es in der Vergangenheit oft gegeben. Im frühen Mittelalter waren die europäischen Mittelmeerländer Kolonien des Islams gewesen; Nordeuropa war dafür später eine Kolonie der Mittelmeerländer. Aber selbst wenn derartiges geschehen sollte, würde es nichts an der Vergangenheit ändern. Die neuen Beherrscher der Welt, wer auch immer sie sein mögen, werden eine Stellung erben, die von Europa geschaffen worden ist – von Europa allein. Es waren die europäischen Gedanken und das europäische Geistesgut, von denen die nicht-europäische Welt aus ihrer Vergangenheit gerüttelt wurde – in Afrika aus der „Primitivität" und in Asien aus einer weit älteren, behäbigeren und majestätischeren Zivilisation. Die Weltgeschichte der letzten fünf Jahrhunderte ist, soweit sie bedeutend war, europäische

Geschichte gewesen. Ich denke nicht, daß wir uns keineswegs entschuldigen müssen, wenn unsere Geschichtsforschung europäisch orientiert ist.

Ich habe geschrieben „der letzten fünf Jahrhunderte", das heißt, annähernd von der Zeit der italienischen Renaissance und der großen europäischen Entdeckungen an. Selbstverständlich können gewaltige Vorgänge wie diese nicht genau datiert werden. Geschichte ist ein „ungeordneter" Ablauf, der sich nicht genau in den Abteilungen vollzieht, nach denen wir sie notgedrungen studieren. Die Gegenwart, die den Samen der Zukunft in sich trägt, ist immer mit der Vergangenheit belastet, und ein allgemeiner Vorgang mag hier und dort zu vollkommen verschiedenen Zeitpunkten beginnen. Aber auch wenn wir das alles berücksichtigen, können wir das späte 15. Jahrhundert als den Beginn des „Durchbruchs" Europas bezeichnen – als eine Zeit, in der das gleichförmige beziehungsweise schwankende Gleichgewicht der Zivilisation unserer Welt schrittweise, aber nachdrücklich umgestürzt wurde.

Betrachten wir kurz dieses Gleichgewicht, wie es sich vor jenem „Durchbruch" präsentierte. Im 15. Jahrhundert gab es auf der Welt viele zivilisierte Gemeinwesen, und es bestand keinerlei Anlaß zur Vermutung, daß irgendeines von ihnen bestimmt war, die anderen in den Schatten zu stellen, zu besiegen oder zu absorbieren. Der große arabische Historiker Ibn Chaldun, der gelehrteste und hervorragendste Geschichtsschreiber zwischen Antike und Renaissance, schrieb sein monumentales Werk über Philosophie und Geschichte im späteren 14. Jahrhundert in einer Burg in Algerien, wo er, umgeben von Einsamkeit und Barbarei, diese Gemeinwesen von den Franken Europas bis zur Ming-Dynastie systematisch registrierte. Sie alle besaßen ihre eigene Kultur – ihre besonderen Qualitäten –, aber es gab damals keinerlei Hinweis dafür, daß es gerade die „Franken" sein sollten, denen das Geheimnis der Zukunft gehörte. Allerdings versetzten die italienischen Kaufleute, denen Ibn Chaldun in den Häfen Nordafrikas begegnete, ihn mit ihrem Reichtum in Erstaunen, während die arabische Welt – zumindest die arabische Welt Nordafrikas – durch gewisse gesellschaftliche Mechanismen, die er zu erklären suchte, in einem Niedergang begriffen zu sein schien.

Die Mittelmeerländer waren jedoch nicht die Welt, und man durfte nicht allein Südeuropa mit Nordafrika vergleichen. Es gab noch Persien, Indien und China. Ein Jahrhundert zuvor waren sich italienische Kaufleute, die ihren Weg in die chinesische Mongolei gefunden hatten, gegenüber der Erhabenheit der chinesischen Gesellschaft recht armselig vorgekommen. Als Marco Polo nach Venedig zurückkehrte, nannte man ihn nur mehr „Messer Millioni", denn wie ein geblendeter Neuankömmling im Haus eines Millionärs konnte er nicht aufhören, von den Millionen zu reden; und das China der Ming-Dynastie war sicher nicht weniger großartig als jenes der Mongolen. Sogar drei Jahrhunderte nach Marco Polo behauptete der Italiener Giovanni Botero, der Theoretiker bedeutender Fürsten der Gegenreformation, daß selbst die größten europäischen Städte des 16. Jahrhunderts – und er war ein Fachmann auf diesem Gebiet – armselig seien, verglichen mit den chinesischen, wie sie ihm von den jesuitischen Missionaren und den europäischen Kaufleuten, mit denen er sich am Hafen von Genua unterhalten hatte, beschrieben worden waren.

Darüber hinaus schien zur Zeit Ibn Chalduns, im späten 14. Jahrhundert, nicht nur der Islam – der alte Islam des Irak und Syriens, Ägyptens und Nordwestafrikas – vom Verfall bedroht. Auch das Christentum schien damals trotz all seiner Prosperität unterzugehen. Wir neigen immer wieder dazu, diese Tatsache zu vergessen. Wir betrachten – wie könnten wir auch anders – die Vergangenheit aus der Perspektive der Gegenwart und sehen im 15. Jahrhundert ein Jahrhundert der Renaissance, der großen Entdeckungen, des Beginns einer langanhaltenden Expansion. Dies erscheint aber nur aus dem historischen, vielleicht auch nur aus dem modernen Blickwinkel so. Erst im 18. Jahrhundert begann man, zurückzublicken und die Epoche der Renaissance – oder besser, die „Wiedergeburt der Wissenschaften", wie man sie nannte – als den Beginn eines neuen Zeitalters zu betrachten, einer Revolution, wie Voltaire schrieb, die alles veränderte, „so wie es wiederum in unserer Zeit geschehen ist". Erst Mitte des 19. Jahrhunderts wurde der Begriff „Renaissance" geprägt, soviel ich weiß, 1840 von dem französischen Historiker Jules Michelet; der Ausdruck setzte sich 1860 mit dem Buch „Die Kultur der Renaissance in Italien" von Jakob Burckhardt durch. Für die Europäer des 15. und sogar des frühen 16. Jahrhunderts hatte es jedoch nicht den Anschein, als ob sie an der Schwelle eines neuen Zeitalters der Expansion stünden. Das 15. Jahrhundert ist von dem holländischen Historiker Huizinga als „der Herbst des Mittelalters" bezeichnet worden. Für die europäischen

Menschen des Mittelalters, die nichts anderes kannten und die nicht wußten, daß sie im „Mittelalter“ lebten – der Begriff „Mittelalter“ wurde erst im 17. Jahrhundert von dem deutschen Historiker Christoph Keller erfunden –, bedeutete dieser „Herbst“ den Verfall des Christentums, den Zusammenbruch ihrer gesamten Welt.

Dieses Gefühl eines allgemeinen Niederganges im Christentum wird deutlich, wenn wir auf die Stimme der Zeit hören. Nun, da die Welt zu Ende geht, sagte man – wie in einem Refrain –, müssen wir etwas tun. Wir müssen essen, trinken und glücklich sein, sagten die einen und genossen die Renaissance. Wir müssen in uns gehen und unser Leben ändern, sagten die anderen und führten die Reformation ein. Sicher vereinfache ich übermäßig, aber das Wesentliche kommt dabei doch zum Ausdruck. Die Jahre vor der Reformation schienen für die Zeitgenossen nicht unbedingt eine Zeit voll der Erregung, der Versprechungen und der Hoffnungen zu sein. In mancher Hinsicht und für manche Menschen mag sich diese Epoche zwar so präsentiert haben, in anderer Hinsicht jedoch und für andere Menschen schien sie mit gutem Grund eine Zeit der Niedergeschlagenheit, des Abstiegs und des Verfalls gewesen zu sein. Diese gedrückte Stimmung ist uns in zahlreichen zeitgenössischen Denk-

1 China, wie Marco Polo es sah. Der Münzmeister versieht Papiergeld in Gegenwart des Großkhans mit dem Staatssiegel.

mälern überliefert, im „Triumph des Todes“ und im „Totentanz“, bei dem all die veränderlichen Gestalten von Königen, Bischöfen, Rittern, Kaufleuten und Handwerkern mit der unveränderlichen Gestalt des Todes einen Tanz vollführen. Daneben gibt es das monumentale „Memento mori“, eine ernste Lektion aus Stein, die wir in vielen Kirchen finden. Gelöst, heiter und in stilisierter Jugend, ruht die Gestalt des Begrabenen (man stellte den Toten stets im 30. Lebensjahr, dem Alter der Auferstehung Christi dar), auf dem Grabmal. Darunter, hinter dem Gitterwerk, erblicken wir die Wirklichkeit im grimmig grinsenden Antlitz der Fäulnis.

Für diejenigen, die im späten 15. und frühen 16. Jahrhundert glaubten, daß sich die christliche Zivilisation, die sie umgab, im Niedergang befand, war diese Erkenntnis naheliegend. Glaubten sie an Freiheit? Wenn sie um sich blickten, sahen sie die freien Städte Europas, diese Werkstätten mittelalterlicher Kultur, zusammenbrechen; die Lichter gingen eines nach dem anderen aus. Glaubten sie an das Christentum? Die Gebiete der Christenheit schrumpften zusammen, als die Türken unaufhaltsam vorwärts marschierten und das Christentum ebenso wie den alten Islam verschlangen; zuerst den Balkan, dann Konstantinopel,

2 Die Weltkarte, die der arabische Historiker Ibn Chaldun im 14. Jahrhundert für sein Werk „Muqaddima“ verwendete. Der Kartograph sieht die Welt verkehrt: Die Mittelmeerländer und der Nahe Osten liegen, unverhältnismäßig groß, im rechten unteren Viertel. China befindet sich unten links. Das ausgedehnte Gebiet südlich des Äquators (das heißt im oberen Teil des Bildes), ist „wegen der Hitze leer“. Die ganze Erde ist von Meer umgeben.

3 Der Niedergang des Mittelalters. Dieser „Totentanz“ (französische Wandmalerei, etw
am Vorabend der großen Entdeckungen wider.

hierauf Albanien, später Ägypten; schließlich in den darauffolgenden Jahren Belgrad und Rhodos, die westlichen Bastionen zu Lande und zu Wasser. Unterdessen fiel Italien, das geistige und wirtschaftliche Zentrum des Westens, die Quelle religiöser Autorität und städtischer Freiheit, des Osthandels und der westlichen Kultur, in Anarchie und Fremdherrschaft. Es war gestürmt, geteilt und unterworfen worden; die Unterwerfung sollte drei Jahrhunderte währen. Italien, sagte einmal ein Papst des 16. Jahrhunderts, war ein wohlklingendes Instrument, bestehend aus vier miteinander harmonierenden Saiten: Mailand, Venedig, Rom und Neapel; nun war dieses Instrument zerbrochen, die Saiten befanden sich verstimmt und mißtönend in den Händen der Barbaren.

Welchen Wert, fragte man, hat angesichts solcher Verluste eine neue „Expansion Europas“, die Überquerung des Atlantiks, die Umschiffung des Kaps der Guten Hoffnung, die „Entdeckung“ des Ostens – Ereignisse, die uns im Rückblick als ein so gewaltiger Schritt nach vorne erscheinen? Genauso wie Voltaire im 18. Jahrhundert Kanada, um das die Franzosen und Briten im Siebenjährigen Krieg gekämpft hatten, als ein paar Hektar Schnee – „quelques arpents de neige“ – bagatellisierte, oder wie Disraeli am Vorabend des Imperialismus, dessen Prophet er werden sollte, „diese armseligen Kolonien“ als

465) spiegelt Introversion und Schwermut der Christenheit

„Mühlsteine an unserem Hals" empfand, genauso geringschätzig dachten die Menschen des 15. und frühen 16. Jahrhunderts von ihren überseeischen Besitzungen, gemessen an den Verlusten am Kontinent. „Wir trachten, wertlose neue Reiche jenseits der Meere zu erobern", klagte Busbequius, der hochgebildete Belgier, der als Botschafter zum türkischen Sultan gesandt wurde, „während wir das Herz Europas verlieren". Das Christentum, schrieb er, war in bedenkliche Abhängigkeit von den persischen Herrschern geraten, deren Expansionsversuche im Osten den türkischen Sultan immer wieder von seinen westlichen Eroberungszügen zurückriefen. Es ist wohl bekannt, daß Kolumbus auf große Schwierigkeiten gestoßen war, Förderer für seine berühmt gewordene Reise zu finden; die Könige von Spanien, denen er eine neue Welt zu Füßen legte, nahmen von seinem Geschenk nur recht wenig Notiz. Da sie auf einen neuen Verbindungsweg nach dem bevölkerten, goldenen Osten gehofft hatten, waren sie von den unbewohnten Inseln und dem öd erscheinenden Kontinent enttäuscht. Wie der Großteil der übrigen neuen Kolonien – wie Neu-England im 17. und Australien im 18. Jahrhundert – wurde Amerika anfangs größtenteils als ein Ventil für den Bevölkerungsüberschuß und nicht als Kraftreserve betrachtet.

4 „Memento mori“. Das Bildnis des Verfalls lauert hinter dem Gitterwerk, unterhalb der heiteren, jugendlichen Steinfigur (etwa 1475), die Alice, die Herzogin von Suffolk, in der Pfarrkirche von Ewelme, Oxon, darstellt.

Es gibt allerdings eine Kehrseite der Medaille. Die menschliche Natur ist zu komplex, um sich auf ein einziges Geleise begrenzen zu lassen. Die Männer, von denen die großen Reisen angeregt, finanziert oder selbst unternommen wurden, waren von einem weit dynamischeren Geist beseelt. Wir besitzen in den „Lusiaden“, einem Epos, mit dem der Portugiese Camões die Reise Vasco da Gamas um das Kap der Guten Hoffnung nach Indien besang, ein Zeugnis dafür. Camões empfindet die Zuversicht und die Freude dessen, der neue Horizonte erblickt hat; er beschreibt Menschen, die von der verbotenen Frucht gegessen haben und die ihre Götter von den Thronen stürzen werden. Andererseits sollten wir jedoch bedenken, daß Luis de Camões dieses Werk 70 Jahre nach dem Ereignis dichtete, als das neue Zeitalter bereits wirklich angebrochen war.

Unmittelbar nach den ersten großen Entdeckungen, die mit dem Namen des portugiesischen Prinzen Heinrich des Seefahrers unlösbar verbunden sind, bildete sich in Portugal eine Partei, die gegen diesen wertlosen Wahnwitz eintrat; in der Folge nahm die herrschende Schichte Portugals für kurze Zeit wieder die herkömmlichen Eroberungszüge in das benachbarte Hinterland auf. Erst später, als die gefährlichen neuen Entdeckungsreisen echten Gewinn einzubringen begannen, fand die junge Generation des portugiesischen Adels es an der Zeit, in das neuentdeckte Land zu investieren und dem Beispiel ihres eigenen Monarchen zu folgen, den seine neidischen königlichen Nachbarn verächtlich „Krämerkönig" nannten.

Kein Zeitalter der Menschheitsgeschichte besitzt nur ein einziges Charakteristikum; so einfach ist Geschichte nicht. Immer wieder treten Spannungen auf, zwischen den verschiedenen Klassen, den Generationen, in der Stimmung. Das 16. Jahrhundert mag in mancher Hinsicht ein Jahrhundert der Expansion gewesen sein; aber es war ebenso ein Jahrhundert der Schwermut. Kaiser Karl V., für dessen spanisches Königreich die Eroberer Cortés und Pizarro Mexiko und Peru eroberten, hatte seine Augen grimmig auf Europa gerichtet und rieb sich in einem endlosen und unerfreulichen Ringen auf, durch das er ein abbröckelndes Gebäude zu erhalten suchte. Diesen Daseinskampf unterbrach er nur durch gelegentliches Glockengeläute und Orgelspiel, mit dem er einen trüben Vorgeschmack seines eigenen Begräbnisses vorwegnahm.

„Die tiefe Trauer dieser Zeit", meint ein großer Kunsthistoriker, „ist von Michelangelo in dem Grabmal der Medici dargestellt worden; seine Figuren scheinen alle Hoffnung aufgegeben zu haben, scheinen mit Verachtung auf das Leben zu blicken oder in tiefen Schlaf zu sinken." Der berühmte Papst Klemens VII., der die Scheidung des englischen Königs Heinrich VIII. von seiner Gemahlin Katharina verweigerte, meinte, daß die Prophezeiungen der Apokalypse knapp vor ihrer Erfüllung stünden und das Weltenende in greifbarer Nähe läge; daher beauftragte er Michelangelo, das „Jüngste Gericht" auf die Wände der Sixtinischen Kapelle zu malen.

Und doch trug dieses Europa oder, wie man damals sagte, die Christenheit (die einmal Afrika und den Nahen Osten umfaßt hatte und die nun, auf Europa beschränkt, zu ihrer seit Ende des Römischen Reiches vielleicht geringsten Ausdehnung zusammengeschmolzen war), die ihre Lebenskraft verloren zu haben, die verkleinert, korrupt und schwach zu sein schien, die Wurzeln zu einer neuen und starken Lebenskraft in sich.

Die Philosophen des 18. Jahrhunderts, die ersten christlichen Denker, die die Geschichte als einen Prozeß – oder zumindest als einen sozialen und nicht theologischen Ablauf – betrachteten, stellten, beginnend mit der Zeit der Renaissance, einen stetigen Aufstieg Europas zur Weltherrschaft fest. Als Marx im 19. Jahrhundert diesem außerordentlichen Aufstieg eine ökonomische Interpretation gab, entdeckte er in demselben Zeitabschnitt, nämlich im 16. Jahrhundert, die Anfänge des „Kapitalismus", der, wie er glaubte, die Triebfeder für alle Errungenschaften gewesen war. Und als die beiden Volkswirtschaftler Werner Sombart und Max Weber im 20. Jahrhundert die geistigen Ursprünge der Bemühungen aufzudecken versuchten, die sich im Kapitalismus vergegenständlicht hatten, stießen sie wiederum auf diesen Zeitabschnitt der Reformation – wobei die Voraussetzungen dazu entweder (nach der Theorie Sombarts) in der Zerstreuung der iberischen Juden oder (nach der Theorie Webers) in den neuen Lehrsätzen der Reformation lagen.

5 Privileg und Genehmigung für die erste Ausgabe der „Lusiaden", dem bedeutendsten portugiesischen Epos, von Luis de Camões (1571).

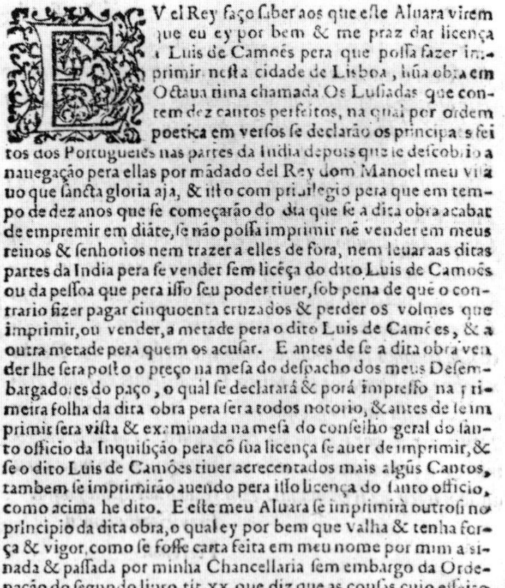
EV el Rey faço ſaber aos que eſte Aluara virem que eu ey por bem & me praz dar licença a Luis de Camoẽs pera que poſſa fazer imprimir neſta cidade de Lisboa, hũa obra em Octaua rima chamada Os Luſiadas que contem dez cantos perfeitos, na qual por ordem poetica em verſos ſe declarão os principaes feitos dos Portugueſes nas partes da India depois que ſe deſcobrio a nauegação pera ellas por mãdado del Rey dom Manoel meu viſauo que ſancta gloria aja, & iſto com priuilegio pera que em tempo de dez anos que ſe começarão do dia que ſe a dita obra acabar de emprimir em diãte, ſe não poſſa imprimir nẽ vender em meus reinos & ſenhorios nem trazer a elles de fora, nem leuar aas ditas partes da India pera ſe vender ſem licẽça do dito Luis de Camoẽs ou da peſſoa que pera iſſo ſeu poder tiuer, ſob pena de quẽ o contrario fizer pagar cinquoenta cruzados & perder os volmes que imprimir, ou vender, a metade pera o dito Luis de Camões, & a outra metade pera quem os acuſar. E antes de ſe a dita obra vender lhe ſera poſto o preço na meſa do deſpacho dos meus Deſembargadores do paço, o qual ſe declarará & porá impreſſo na primeira folha da dita obra pera ſer a todos notorio, & antes de ſe imprimir ſera viſta & examinada na meſa do conſelho geral do ſanto officio da Inquiſição pera cõ ſua licença ſe auer de imprimir, & ſe o dito Luis de Camões tiuer acrecentados mais algũs Cantos, tambem ſe imprimirão auendo pera iſſo licença do ſanto officio, como acima he dito. E eſte meu Aluara ſe imprimirà outroſi no principio da dita obra, o qual ey por bem que valha & tenha força & vigor, como ſe foſſe carta feita em meu nome por mim aſinada & paſſada por minha Chancellaria ſem embargo da Ordenação do ſegundo liuro, tit. xx. que diz que as couſas cujo effeito ouuer de durar mais que hum ano paſſem per cartas, & paſſando por aluaras não valhão. Gaſpar de Seixas o fiz em Lisboa, a. xxiiij. de Setembro, de M.D.LXXI. Iorge da Coſta o fiz eſcreuer.

Heute sind diese Erklärungsversuche zum Großteil überholt. Wir glauben weder, daß der Kapitalismus im 16. Jahrhundert begann, noch daß er von den Juden oder gar von den Protestanten geschaffen wurde. Doch wir sind der Meinung, daß das Zeitalter der Renaissance den Beginn eines nahezu kontinuierlichen Prozesses europäischen Fortschritts darstellt; wir sehen uns daher einem schwierigen Problem gegenübergestellt, da uns die relativ einfachen Lösungsversuche nicht länger überzeugen. Das Problem lautet, wie hat Europa seine Stellung errungen? Wie haben diese „barbarischen", „feudalen", „mittelalterlichen" Königtümer des Westens, deren gesamte Struktur, deren Eigen- und Lebensart und deren Wertvorstellungen uns derart primitiv, wild und bizarr erscheinen müßten, würden wir sie ohne Erklärung und Interpretation betrachten – wie haben sie diese innere Dynamik erlangt, die sie vorwärtsdrängte, nicht nur bis zu jener Stufe, die bereits von der hohen Zivilisation der Griechen und Römer erreicht worden

6, 7 Dieses Porträt Tizians zeigt den nachdenklichen, pessimistischen Kaiser Karl V., dessen Reich in Europa gefährdet war, während die Konquistadoren in Übersee neue Gebiete eroberten. *Unten:* die Eroberung von Xolloco durch Cortés (1519).

8 Das Bildnis des Lorenzo Medici von Michelangelo auf seinem Sarkophag in der Medici-Kapelle in Florenz. Es drückt die schwere Melancholie des 16. Jahrhunderts aus.

war, auf die sie immer mit großer Bewunderung zurückblickten, nicht nur bis zur Entwicklungsstufe der hohen zeitgenössischen Zivilisationen Asiens, von denen sie nur einen bruchstückhaften und zusammenhanglosen Eindruck besaßen, sondern weit darüber hinaus, so daß schließlich eine Gesellschaft entstand, die mit keiner anderen, die die Welt je zuvor gesehen hat, verglichen werden kann. Die europäische Zivilisation ist allerdings nicht zur Gänze ursprünglich; sie nahm auch vor dem 18. Jahrhundert niemals für sich in Anspruch, ursprünglich zu sein. Ein Großteil ihrer Ideen stammt aus der Antike, insbesondere von den Griechen. Griechische Wissenschaft und Naturlehre hatten sich während der Zeit des Römischen Imperiums, das einen großen Umschlagplatz für Waren und für Gedankengut darstellte, unausgesetzt fortentwickelt. Moderne Historiker haben aufgezeigt, daß am Ende der Antike neue wissenschaftliche Entdeckungen gemacht worden waren. Während Kaiser Justinian die platonische Akademie von Athen schließen ließ – eine Episode, die auf dem Deckengemälde des Klosters Ottobeuren in der Rokokozeit als der letzte ruhmvolle Sieg des Christentums verherrlicht wurde –, gab es im 6. Jahrhundert in Byzanz neuplatonische Gelehrte, die nach den Berichten von Professor Sambursky Entdeckungen unserer heutigen Zeit vorwegnahmen. Andere europäische „Erfindungen" kamen aus China. Die Chinesen erfanden während unseres Mittelalters das Schießpulver, den Buchdruck und den Schiffskompaß – eben jene drei Dinge, die nach Francis Bacon, dem Propheten modernen wissenschaftlichen Denkens, zu seiner Zeit bereits „das Antlitz und den Stand der Dinge auf der ganzen Welt verändert" hatten. Diese Entdeckungen wurden jedoch aus irgendeinem Grund weder in Byzanz noch in China weiterentwickelt. Die Byzantiner erfanden eine Art Uhrwerk – und was taten sie damit? Sie hoben damit den Kaiser langsam auf, so daß es aussah, als würde er frei schweben, und beeindruckten auf diese Weise Gesandte aus dem unzivilisierten Europa. Die Chinesen erfanden das Schießpulver – und was taten sie damit? Sie benützten es hauptsächlich dazu, sich bei Feuerwerken zu unterhalten. Die Tibetaner entdeckten (wie ich von Lynn White erfuhr) die Turbine; man begnügte sich jedoch damit, sie zum Drehen von Gebetsmühlen zu verwenden. Es gab irgend etwas oder es geschah irgend etwas in diesen späten Gesellschaftssystemen, wodurch ihre Errungenschaften nicht weiterentwickelt werden konnten. Die Ideen waren wohl vorhanden, aber die Gesellschaftsstruktur war entweder zu weichlich, um sie bewahren zu können, oder zu starr, um sie zu fördern. Es war der Westen Europas und nur dieser, der imstande war, ihnen Kraft zu geben, und mit Hilfe weiterer Entdeckungen dazu beitrug, eine Revolution durchzuführen, die jene anderen Gesellschaftssysteme nur vorbereitet und in den Bereich der Möglichkeit gerückt hatten.

Warum war es gerade Westeuropa? Erscheint das nicht, wenn wir der

9 Das barocke Deckenfresko im Kloster Ottobeuren, Bayern, zeigt den christlichen Kaiser Justinian und den hl. Benedikt von Nursia bei der Schließung der Platonischen Akademie von Athen 529.

Frage nachgehen, eher ungewöhnlich? Die große Schwierigkeit in der Geschichte liegt darin, daß wir zuviel als gegeben voraussetzen. Durch unsere Erklärungen, Interpretationen und Schlüsse scheint sie uns nach und nach selbstverständlich, natürlich und unausweichlich zu sein; wir tilgen das Gefühl des Wunderbaren, Unvorhersagbaren und Neuen. Wer hätte 1910 die unglaublichen Ereignisse der letzten fünfzig Jahre vorhersagen können? Weshalb also sollten wir die Entwicklungslinie der vergangenen fünfhundert Jahre als selbstverständlich voraussetzen? Die Geschichte ist voll von Wunderbarem; und obwohl all das Wunderbare von Philosophen theoretisch faßbar gemacht und

von Gelehrten in einer anscheinend unfehlbaren Rückschau erklärt werden kann, vermag dies nicht, die Geschichte weniger aufregend erscheinen zu lassen.

Der Aufstieg des Abendlandes nach seinem fürchterlichen Niedergang im frühen Mittelalter, der zur damaligen Zeit endgültig schien, ist gewiß weit endgültiger als irgend etwas, das sich seither ereignet hat. Dieses Wunder versetzt – trotz all unserer Anstrengungen, im Rückblick eine Erklärung dafür zu finden – nicht weniger in Erstaunen als der gegenwärtige Wiederaufstieg des modernen China, das ähnlich der europäischen Renaissance auf eine ruhmvolle, aber enttäuschte Antike zurückblicken kann, der ein ruhmloses und enttäuschendes Mittelalter folgte.

Wie genas nun Europa? Die Geisteswissenschaftler des 18. Jahrhunderts, die erstmals diesem Problem nachgingen, wollten vom Mittelalter nicht allzuviel wissen. Ihnen erschienen diese Jahrhunderte recht finster: die Erleuchtung – die literarische, kulturelle, gesellschaftliche und wirtschaftliche Erkenntnis – kam mit dem 15. Jahrhundert, mit der „Renaissance". Ich möchte in diesen Zeilen jedoch keine Pauschalurteile fällen. Ich möchte den gesamten Geschichtsabschnitt vom Ende des Weströmischen Reiches bis zur Renaissance nicht als eine statische, beinahe stagnierende Periode betrachten, in der, um Voltaires Schlagwort zu gebrauchen, die Barbaren einander an den Ufern von Rhein und Tajo ablösten, sondern als einen Prozeß; innerhalb dieses Prozesses möchte ich verschiedene Phasen herauslösen, von denen ich glaube, daß sie die wesentlichen Kreuzungspunkte in der langen und ungleichmäßigen Kette der Ereignisse darstellten, durch die die Relikte des untergegangenen alten Römischen Imperiums wiederbelebt wurden, die schließlich das Lebenszentrum der modernen Welt werden sollten.

Was bedeuten diese Kreuzungspunkte? Jeder einzelne ist mit wichtigen historischen Problemen verknüpft, mit Problemen des Beweismaterials, der Interpretation und der Darlegung; es ist tollkühn, darüber mit einer Gewißheit zu sprechen, als ob diese Probleme klar oder lösbar wären. Um wieviel leichter ist es, nur die Fakten aufzuzählen, die von den Gelehrten in einer chronologischen Reihenfolge festgehalten wurden. Aber da ich dieses Abenteuer nun einmal begonnen habe, möchte ich mit der Zusammenfassung der verschiedenen Probleme beginnen, die eines nach dem anderen betrachtet werden sollen. Das erste Problem ist vielleicht das bedeutendste und das unlösbarste von allen. Es betrifft das Ende der Antike, den Niedergang und die Auflösung der großen Einheit, in der ihre Zivilisation so lange geruht hatte, des Römischen Reiches.

Weshalb zerbrach das Römische Reich? Immer wieder stellten sich Historiker und Philosophen diese Frage. Die Antwort, wenn überhaupt eine gefunden werden kann, beinhaltet die Beantwortung so vieler anderer Probleme, die uns heute noch beschäftigen. „Ich frage mich oft", grübelte Adolf Hitler, „warum die Alte Welt zusammenbrach"; und legte sich seine eigenen Antworten zurecht. Er stellte sich diese Frage, weil Imperien ihn interessierten; er wollte ein neuer und erfolgreicherer Augustus werden, dessen Reich, ohne jene vielseitigen Quellen des

Verfalles wie Rassenmischung, Judentum und Christentum, tausend Jahre dauern sollte. Die Tatsache, daß sich sogar Hitler, der sonst immer eine hieb- und stichfeste Antwort bereit hatte, im unklaren war, veranschaulicht die Hartnäckigkeit dieses Problems, das sich auch weit gescheitere Denker als er seit zweitausend Jahren ohne Ergebnis überlegt hatten.

Im 18. Jahrhundert bezog man zu diesem großen Problem historischer Auslegung erstmals Stellung. Zu Beginn des Jahrhunderts wurde Pietro Giannone, der große unglückliche neapolitanische Historiker, der grundlegenden Einfluß auf alle Historiker der Aufklärung ausübte, von dieser Frage verwirrt. Um eine Antwort darauf zu finden, versenkte er sich in die in Vergessenheit geratenen Quellen des späten römischen und byzantinischen Rechts. Mit Hilfe dieser Rechtsstudien hoffte er, wie er später schrieb, die „Ursprünge und den Wandel des Römischen Reiches" zu verstehen, „und wie sich aus seinen Überresten so viele neue Herrscher, Gesetze, Bräuche, Königreiche und Republiken in Europa entwickeln konnten". Edward Gibbon, nach seinem eigenen Zeugnis von Giannone maßgebend beeinflußt, widmete seine Lebensarbeit demselben Gegenstand. Als sein eigenes großes Werk der Vollendung entgegenging und als er nach seinen Studien auf über 13 Jahrhunderte und sechs Quartbände zurückblicken konnte, kam er zu dem Schluß, eine Geschichte des Triumphes von Barberei und Religion geschrieben zu haben. Er machte kein Hehl aus seiner Ansicht, daß es die Christen waren und nicht „unschuldige Barbaren" wie die Goten und die Vandalen, die das Imperium untergraben und Rom zerstört hatten. Zahlreiche Historiker haben damals und seither diese Schlußfolgerung nicht geteilt. Moderne Historiker suchten die Ursachen des Unterganges eher im Wirtschaftssystem Roms oder in der Gesellschaftsstruktur des Reiches. Aber da die modernen Historiker auch die Religion als einen Ausdruck der Sozialstruktur betrachten, unterscheiden sich ihre Ansichten vielleicht doch nicht so wesentlich von Gibbon. Erst unlängst gab wiederum ein bekannter Wissenschafter die Binsenwahrheit von sich, daß der Zerfall des Römischen Reiches ein direktes Ergebnis ausschweifender sexueller Lasterhaftigkeit gewesen sei. Obwohl dies von kirchlicher Seite mit bedauerlichem Eifer vertreten wurde, muß ich leider sagen, daß er auf unbeweisbaren Auffassungen beruht.

Es ist jedoch nicht nur rätselhaft, warum das Römische Reich unterging; es ist ebenso rätselhaft, wann es unterging, oder vielmehr, wann es unterzugehen begann.

Das Imperium nahm im 4. Jahrhundert das Christentum an, aber hielt es nicht vielleicht dadurch – wenn auch nur für kurze Zeit – den Niedergang auf, der schon im 3. Jahrhundert mit dem militärischen Umsturz begonnen hatte und der zu dieser Zeit weder dem Christentum zugeschrieben noch mit ihm in Verbindung gebracht werden konnten? Einige moderne Historiker leiten den Untergang Roms von einem grundlegenden Strukturwandel her, der im 3. Jahrhundert stattfand und den die großen Kaiser zu Ende desselben Jahrhunderts und Konstantin zu Beginn des nächsten stabilisieren konnten. Nach dieser Ansicht gab es zwei aufeinanderfolgende Römische Reiche im Westen. Das erste war das Römische Imperium des Augustus und der Antoninen, ein eindrucksvolles Netz von geplanten Städten und geraden Straßen, die alle nach Rom führten; das Reich, dessen Pax Romana sich, ungestört von Barbaren und Christen, vom Atlantik bis Persien, vom Rhein und der Donau bis zum Oberen Nil und der Sahara erstreckte. Nach dem Umsturz im 3. Jahrhundert folgte das zweite, das sogenannte „Spätrömische Reich", das bäuerlich-militärische Reich Diokletians und Konstantins, des Julian Apostata und Theodosius des Großen. Die Hauptstadt dieses Reiches, das sich stets im Verteidigungszustand befand, war nicht Rom, sondern lag immer dort, wo die kriegführenden Kaiser ihr Hauptquartier aufschlugen: im Rheinland, jenseits der Alpen oder im Osten; in Nikomedia oder Konstantinopel, in Trier, Mailand oder Ravenna.

Aber selbst wenn wir uns darauf einigen, daß das erste Imperium, das heidnische Reich der Antoninen, der fatalen Umwälzung im 3. Jahrhundert unterlag, noch ehe es das Christentum angenommen hatte, wird das Problem nicht aus der Welt geschaffen. Denn das zweite und christianisierte Reich, die letzte brüchige Hülle griechischer und lateinischer Antike, ging ebenfalls zugrunde und löste sich auf; mit welchem Datum sollen wir diese Auflösung festlegen? War das 476, als der Barbarenkönig Odoaker den letzten Kaiser des Westens entthronte? Oder war das im 6. Jahrhundert, als die Langobarden, von den eindringenden Reitervölkern der großen Steppe, die von Rußland bis nach China reichte, vorwärtsgetrieben, die kurz wiederhergestellte Einheit von Rom und Konstantinopel für immer zerstörten? Oder war das noch später, im 7. Jahrhundert, als die eindringenden Araber die griechischen Provinzen des Ostens endgültig abtrennten? – Dieses Ereignis stellte sicherlich einen der großen Wendepunkte dar, von dem aus die Geschichte niemals mehr umkehren konnte, denn diese griechischen Provinzen hatten durch so viele Jahrhunderte hindurch den wirtschaftlichen und kulturellen Zusammenhalt des Römischen Reiches ausgemacht.

Das Ende der Antike bildet eines der großen Probleme, die ich in diesem Buch erörtern möchte. Seine Auswirkungen waren ungeheuer; es war eine der großen Bruchstellen in der Geschichte, es bedeutete das Ende einer ganzen Welt, die bis dahin über tausend Jahre lang kontinuierlich bestanden hatte. Und wer hätte damals, sagen wir im 8. Jahrhundert, als sie endgültig zerstört, als ihr Ende eine vollendete Tatsache war, vermuten können, daß Europa jemals die Position wiedergewinnen könnte, die es einmal innegehabt und dann verloren hatte? Ein Geschichtsphilosoph des 8. Jahrhunderts, hätte es einen gegeben – irgendeinen Flüchtling aus einer ehemaligen römischen Provinz, der in der Sumpflandschaft von Donegal seinen Überlegungen nachhing –, hätte den logischen Schluß gezogen, daß es mit Europa überhaupt vorbei war; daß die Fackel der Zivilisation in andere Hände übergegangen war und daß es von nun an Europas Schicksal war, ein Kontinent unzivilisierbarer Barbaren zu bleiben, der die reichen moslemischen Städte Bagdad, Kairo, Tunis und Cordoba mit Eisen, Fellen und Sklaven versorgte.

Doch dieser imaginäre Philosoph hätte sich geirrt. Die Ereignisse hätten ihm seinen Irrtum bewiesen. Wir müssen uns nun fragen, warum er sich geirrt hätte. Welche Ereignisse, welche Entwicklungen gaben der abendländischen Gesellschaft im Mittelalter die Kraft zu ihrer Erneuerung? Wie kam es, daß die Christenheit nicht nur wiedererstand, sondern auch imstande war, am Ende des 11. Jahrhunderts einen Gegenangriff zu unternehmen? Dieser Gegenangriff, die Kreuzzüge, stellt sicher einen weiteren großen Wendepunkt in der Geschichte dar, nämlich die Rückkehr des christlichen Europa in den Osten, mit dem es zur Zeit des Römischen Reiches vereint gewesen und von dem es durch die arabischen Eroberungen getrennt worden war. In ihrer begrenzten Form – begrenzt in der Wucht, da keine weltweite Botschaft verkündet, keine Völker bekehrt wurden, begrenzt in der Zeit, da die Eroberungen nicht von Dauer waren – sind die Kreuzzüge die Reaktion Europas auf die arabische Eroberung.

Nicht immer wurden die Kreuzzüge von diesem Standpunkt aus betrachtet. Im 18. Jahrhundert sah David Hume in ihnen einen „allgemeinen Wahnsinn", eine „Epidemie der Raserei fanatischer und romantischer Krieger", „das dauerhafteste Denkmal menschlicher Dummheit, das bis jetzt in irgendeinem Zeitalter oder Volk zum Vorschein gekommen ist". Isoliert betrachtet, scheint es sich wirklich um romantische und einem Don Quichotte würdige Episoden gehandelt zu haben. Aber wenn wir sie gegen den zeitlichen Hintergrund und aus dem Blickwinkel des 20. Jahrhunderts, mit seiner Wahnsinnsepidemie ideologischer Weltanschauung und seinen kolonialen Aufständen betrachten, mögen sie uns in einem anderen Licht erscheinen. Die „allgemeine Raserei", die Europa gegen Asien aufbrechen ließ, die nach fünfhundert Jahren die Wiederherstellung christlicher Staaten in der Levante einleitete und die eine Wiederbelebung der Handelsstädte Italiens bedingte, stellte sicher einen positiven Wendepunkt in der europäischen Geschichte dar, genauso wie die arabischen Eroberungen einen negativen Wendepunkt in der Geschichte unseres Kontinents bedeutet hatten.

Und wenn wir beachten, daß dieselben zwei Jahrhunderte, in die die Kreuzzüge fielen, auch noch andere Formen europäischen Fortschritts mit sich brachten, die nichts mit den Türken oder mit der Wiedergewinnung der heiligen Stätten zu tun hatten, wie den Erfolg der spanischen Christen gegen die Mauren, das Vordringen deutscher Siedler nach Osteuropa, die Eroberung Irlands durch anglonormannische Barone, die Eroberung des Languedoc durch die nordfranzösischen Barone und die Einnahme von Byzanz und seines gesamten Reiches durch fränkische Grafen und italienische Städte, ganz zu schweigen von den inneren Neuerungen, neuen Städten, neuen Orden und neuen Universitäten. Wenn wir das alles beachten, erkennen wir, daß diese beiden Jahrhunderte eine Zeit allgemeiner europäischer Expansion waren und daß die Kreuzzüge, ob wir sie nun verdammen oder nicht, einen untrennbaren Bestandteil dieser Expansion darstellten. Vielleicht waren sie kein größeres „Denkmal menschlicher Dummheit" als viele andere große Bewegungen, die ideologische Färbungen besaßen: beispielsweise die nordeuropäische Reformation des 16. Jahrhunderts, der Nationalismus des 19. Jahrhunderts oder der Kommunismus des 20. Jahrhunderts.

Die europäische Expansion des 12. Jahrhunderts hielt jedoch nicht an. Rätselhafterweise trat Europa im späten 13. Jahrhundert in eine seiner „Niedergangsphasen" ein. Die großen Errungenschaften der vergangenen zwei Jahrhunderte konnten nicht beibehalten werden; die

Eroberungen im Osten gingen verloren. Jerusalem fiel an die moslemischen und Konstantinopel an die byzantinischen Herrscher zurück. Der Fortschritt im Westen stagnierte. Plötzlich trat ein Stillstand in der christlichen Wiedereroberung Spaniens ein, die so rasch vor sich gegangen war. In Irland ließ die Einwanderung nach, und die anglonormannischen Eroberer wurden von den Ureinwohnern aufgesogen; sie tauchten in dieser grünen Moorlandschaft unter und kamen irisch sprechend und in irischer Kleidung wieder zum Vorschein. Die Renaissance des 12. Jahrhunderts verebbte. Die „Reformation" des 12. Jahrhunderts – wenn ich diesen Begriff gebrauchen darf, bevor ich ihn erkläre – erlosch. Für die nächsten zwei Jahrhunderte schien Europa, die Christenheit, wieder still zu stehen. Die Eroberungskriege und die Kolonisation wurden von inneren Kriegen, von Bürgerkriegen abgelöst: vom Hundertjährigen Krieg, von den Rosenkriegen, den Kriegen zwischen Burgundern und Armagnacs, den Bürgerkriegen in Spanien und Böhmen und vom Kirchenschisma. Die 200 Jahre zwischen der ersten und der zweiten europäischen Renaissance, zwischen dem Zeitalter Dantes, Giottos und Marsilius' von Padua einerseits und dem Zeitalter Savonarolas, Leonardo da Vincis und Machiavellis andererseits; zwischen der ersten und der zweiten Reformation, zwischen Arnold von Brescia und den Albigensern im 12. Jahrhundert einerseits und Martin Luther und den Wiedertäufern im 16. Jahrhundert andererseits, waren im allgemeinen – obwohl es natürlich lokale Ausnahmen gab – eine Epoche des Rückschrittes. Der „Durchbruch", dieser erstaunliche Durchbruch im Zeitalter der Kreuzzüge, hielt plötzlich inne. Die Eroberungen und die Entdeckungsreisen stagnierten. Die intellektuellen Überlegungen waren festgefahren. Im 15. Jahrhundert, am Vorabend der zweiten Renaissance, nach Michelets und J. Burckhardts Interpretation „unserer" Renaissance – denn dieser Begriff konnte sich trotz aller Argumentation halten –, hatte man keine große Freude mit dem Wunder der Welterneuerung. Dahin war die Ruhe, die Zuversicht und die selbstsichere Extrovertiertheit der Steinfiguren der Kathedrale von Chartres.

Die damalige neue Kunst war nachdenklich, introvertiert, ja sogar verzerrt wie die Kunst des Spätbarocks, das ebenfalls ein Zeitalter des Rückganges und der Introversion war; die neue Literatur wandelte sich zu Satire und Schmähschriften; die Religion zur Mystik, zur Weltabgewandtheit.

Wodurch wurde die europäische Entwicklung des 12. Jahrhunderts

unterbrochen? Welches Versagen in der Dynamik oder im Mechanismus der Gesellschaft verursachte nach zwei Jahrhunderten der Expansion wiederum eine Ermattung? Gibt es vielleicht einen bestimmten Rhythmus der Expansion, ein Schema von Bewegung und Stillstand, Aufstieg und Verfall? Ist ein derartiger Rhythmus mit wirtschaftlichen, institutionellen oder bevölkerungsstatistischen Veränderungen oder nur mit den wechselnden Generationen verbunden? Und warum wurde der Fortschritt im 15. Jahrhundert in derart großartiger Form wieder aufgenommen? Denn damals begann das Leben Europas, nach nahezu zwei Jahrhunderten vergleichsweisen Stillstandes, wieder zu pulsieren. Prinz Heinrich von Portugal, der sagenumwobene Eremit von Sagres, schickte seine Flotten auf immer ausgedehntere Reisen, um die Küsten Afrikas zu erforschen; die burgundischen Herzöge gewannen an Macht und zeichneten sich in einer neuen Zeit der Wirtschaftsblüte durch Unersättlichkeit und Ritterlichkeit aus. Damals brachten es die Medici aus Florenz von Bankiers zu den kultiviertesten Fürsten und glänzendsten Päpsten; ihre Nachfolger, die Fugger in Augsburg, stiegen von einfachen Kleiderhändlern zu Bankiers auf und etablierten sich nicht nur als Financiers von Päpsten und Kaisern, die vor diesem neuen wirtschaftlichen Leviathan ihr Knie beugten, sondern bauten auch in ganz Europa eine neue Schwerindustrie auf. Noch ehe Kolumbus nach Mittelamerika und Bartoloměu Diaz um das Kap der Guten Hoffnung gesegelt waren, hatte die europäische Gesellschaft bereits neue Kraft und neue Elastizität gewonnen. Tatsächlich war es nur diese neue Kraft gewesen, die derartige Entdeckungen durchzuführen und auszunützen ermöglicht hatte; die technischen Erfindungen und die geographischen Kontakte allein bedingen noch keinen Fortschritt. Entdeckungen zu machen, ist nur für eine Gesellschaft von Vorteil, die auch in der Lage ist, sich der Vorteile dieser Entdeckungen zu bedienen. Oft war es ein und dieselbe Gesellschaft, die Entdeckungen machte und sie zu nützen verstand. Oft war ein und dieselbe Gesellschaft dazu in der Lage. Aber das geistige Rüstzeug, die soziale und intellektuelle Artikulation und nicht die Neuerungen sind unmittelbare Ursache des Fortschrittes, der von Entdeckungen nur akzentuiert oder weitergeführt wird.

Das sind einige der Fragen, die ich hier berücksichtigen muß. Sie sind wichtig, und sie sind schwer zu beantworten. Sie haben gelehrte Streitgespräche verursacht und sind in weltanschauliche Debatten mitein-

10 Die Zuversicht und Gelassenheit des 12. Jahrhunderts: Steinfiguren der Kathedrale von Chartres.

bezogen worden. In diesem kleinen Rahmen darf ich natürlich nicht hoffen, sie beantworten zu können. Vielleicht sind sie, wie Voltaire und andere Geschichtsphilosophen gemeint haben, unbeantwortbar. Ich kann, während ich mir dieser Probleme stets bewußt bin, nur den Versuch machen, über gewisse Vorgänge oder Geschichtsabschnitte zu sprechen, die meiner Meinung nach die großen Wendepunkte in diesem mächtigen Prozeß darstellen oder veranschaulichen: vom Aufstieg Europas aus seinem Verfall, aus der vollkommenen Erniedrigung, die dem Untergang des Weströmischen Reiches folgte, zu seiner Wiedererstarkung, von der aus es im 16. Jahrhundert endlich die Herrschaft über die Welt antreten konnte.

II Das Ende der Antike

Das Ende der Antike, das endgültige Schwinden der großen Mittelmeerkulturen Griechenlands und Roms, stellt eines der Hauptprobleme der europäischen Geschichte dar. Man kann sich nicht darüber einigen, warum oder auch nur wann das geschah. Alles, was wir wahrnehmen können, ist ein langsamer, schicksalhafter, offensichtlich unvermeidbarer Prozeß, der im 3. Jahrhundert nach Christus zu beginnen scheint und der, zumindest soweit er das Abendland betraf, im 5. Jahrhundert abgeschlossen war. Zwischen diesen Zeitpunkten gab es kurze Abschnitte des Atemholens oder zumindest des anscheinenden Atemholens, und nach dem letzten dieser Abschnitte sogar eine kurzfristige Restauration. In der Zeit dieses langandauernden Niederganges traten immer wieder Männer in den Vordergrund, die aus eigener Kraft emporgekommen waren. Sie stammten weder aus Rom noch aus Italien, sondern aus den Randgebieten des Reiches, und suchten durch heroische Anstrengungen die Einheit, Sicherheit und Stärke Roms wiederherzustellen. Diese hervorragenden Männer – hervorragend in Politik, Religion und Kunst – unterbrachen den fortschreitenden Prozeß und gaben ihm eine dramatische Note; sie waren Giganten, die für kurze Zeit die Lawine aufhalten konnten und deren Namen und Denkmäler auch unter den Trümmern noch lesbar und erkennbar geblieben sind.

Der erste in dieser Reihe war Diokletian, ein illyrischer Bauer – er kam aus dem Gebiet des heutigen Jugoslawien –, der zu Ende des 3. Jahrhunderts das gesamte Reich reorganisierte, ihm ein neues Fundament gab und sich schließlich, von den übermenschlichen Anstrengungen erschöpft, ähnlich einem anderen überarbeiteten Kaiser, nämlich Karl V., zurückzog und in der Nähe seiner Geburtsstadt Split Kohl züchtete. Die Historiker sehen in ihm den Begründer einer neuen

Epoche, eines neuen Systems. Von seinem Regierungsantritt im Jahre 284 an datieren sie das zweite Römische Reich, das „Spätrömische Reich", zum Unterschied vom „Kaiserreich", das Augustus gegründet hatte und das nach dem Goldenen Zeitalter des 2. Jahrhunderts in den Wirrnissen des 3. zerfallen war.

Dann gab es Konstantin den Großen, den fähigsten von Diokletians unmittelbaren Nachfolgern. Ebenfalls Illyrer, auch im Gebiet des heutigen Jugoslawien, in Nisch, geboren, war er 306 in York mit der Purpurwürde bekleidet worden. Durch seine beiden Entscheidungen, das Christentum anzunehmen und eine neue, uneinnehmbare Hauptstadt am Bosporus zu errichten, übte Konstantin den vielleicht größten Einfluß aus, den irgendein Mensch seit Christus auf die abendländische Geschichte hatte. Wer kann ermessen, was mit der Welt oder mit dem

13 *Gegenüberliegende Seite:* Hagia Sophia, die von Justinian erbaute Sophienkirche, das bedeutendste Bauwerk in Konstantins neuer Hauptstadt. Mohammed II., der Eroberer, verwandelte sie in eine Moschee.

11, 12 *Links:* Diokletian und seine Tetrarchen, die entschlossenen Verteidiger des vereinten Reiches. *Rechts:* Einer der Besiegten.

محمد
الله

Christentum geschehen wäre, wenn das Römische Reich nicht christlich geworden oder das römische Recht und die griechische Kultur während der Zeit der barbarischen und moslemischen Eroberungen in Konstantinopel nicht bewahrt worden wäre? Die Wiederaufnahme des römischen Rechts im 12. Jahrhundert bedeutete eine wichtige Entwicklungsstufe auf dem Weg zur Wiedergeburt Europas. Das römische Recht, das man wiederentdeckte, war jedoch jenes Recht, das in der großen byzantinischen Gesetzessammlung Justinians überliefert worden war. Auf ähnliche Weise bewirkte die Wiederbelebung der griechischen Wissenschaften im 15. Jahrhundert die Renaissance. Aber auch die griechischen Wissenschaften waren in Byzanz gehütet worden. Ohne das Werk Konstantins – ohne die Gründung seiner neuen Hauptstadt – wären vermutlich weder das römische Recht noch die griechischen

Wissenschaften wiederentdeckt worden, und ohne seine Entscheidung für das Christentum hätte Europa möglicherweise irgendeine andere orientalische Religion übernommen.

Dann gab es Theodosius den Großen, einen Spanier, den ersten spanischen Inquisitor, der am Ende des 4. Jahrhunderts das Werk Konstantins fortführte und das Christentum – das heißt, ein besonderes Ritual des Christentums – zur offiziellen Staatsreligion machte. Einige Züge an Theodosius sind sehr spanisch. Jahrhunderte später sollten die Spanier die heidnischen Bilder in Mexiko und in Peru zerschlagen und fordern, daß jedermann den Glauben an das merkwürdige Dogma von der Unbefleckten Empfängnis annehmen sollte. Theodosius veranlaßte eine fanatische Volksmenge, die heidnischen Tempel des Ostens zu zertrümmern, und befahl allen seinen Untergebenen, an die

14 Silbernes Missorium Theodosius' des Großen und seiner beiden Söhne Arcadius und Honorius aus dem späten 4. Jahrhundert.

15, 16 Kaiser Justinian als Krieger und oberster Kirchenfürst auf einer zeitgenössischen Goldmünze; vor ihm die Siegesgöttin. Auf dem Mosaik (10. Jahrhundert) über dem Südportal der Hagia Sophia bringt er der hl. Jungfrau seine Kathedrale dar, während Konstantin symbolisch seine Stadt überreicht.

nicht weniger merkwürdige Doktrin der Dreifaltigkeit zu glauben. Aber hinter der Fassade ideologischer Frömmelei hielt Theodosius das Römische Reich zusammen. Er vereinigte den Osten mit dem Westen und verteidigte beide Gebiete gegen Barbaren und Usurpatoren; er war der letzte große Kaiser des Westens.

Schließlich trat, ein Jahrhundert nachdem das Ende des Abendlandes gekommen schien, Justinian auf, ein anderer illyrischer Bauer; auch er war in Nisch geboren. Welch ungewöhnlicher Menschenschlag müssen

diese Illyrer gewesen sein, daß sie dem Römischen Reich drei seiner größten Kaiser schenken konnten! Und damit war es nicht genug. Der größte unter Diokletians Vorgängern, Aurelian, der enttäuschte Wegbereiter des großen Werkes, war ebenfalls Illyrer gewesen; und lange nach Justinians Tod sollten sie als Albanier das Türkische Reich mit seinen bedeutendsten Politikern und Heerführern versorgen. Auch der Niedergang dieses Reiches wurde durch eine illyrische Dynastie von Großwesiren aufgehalten. Einmal an der Macht, gelang es Justinian,

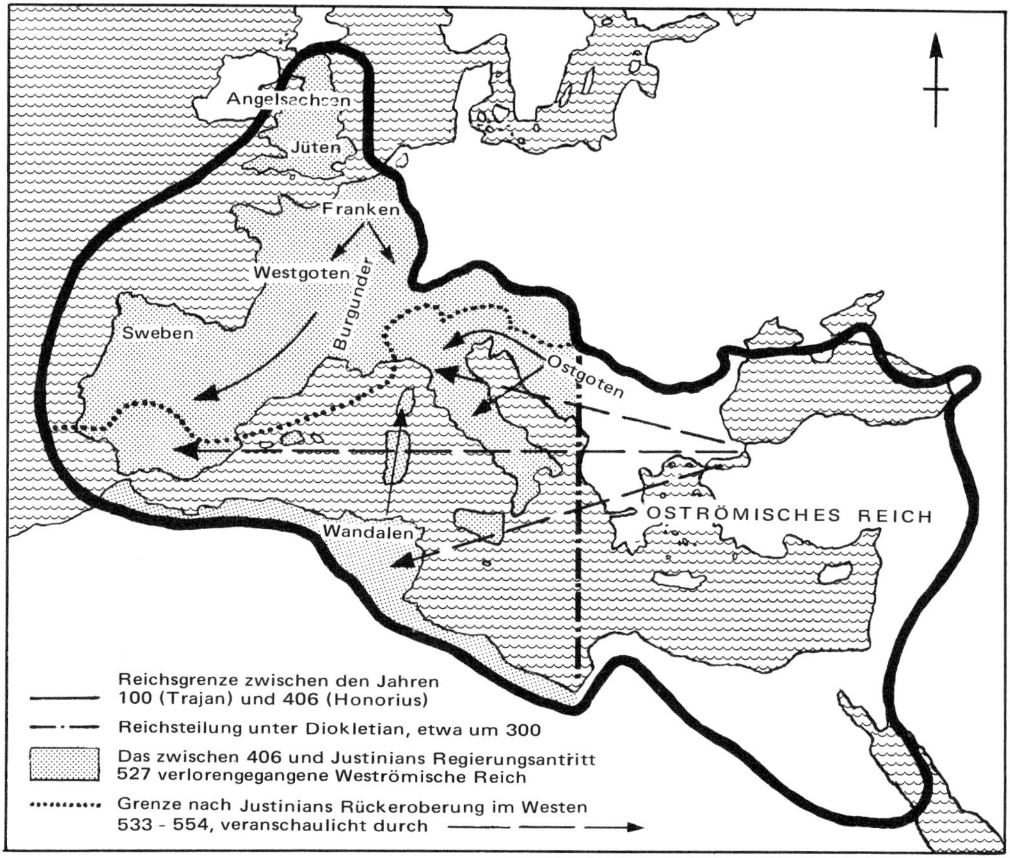

17 Das Römische Reich von Trajan bis Justinian.

den Westen wiederzuerobern, die Einheit des Reiches wiederherzustellen, die Gesetze aufzuzeichnen, aus China das Geheimnis der Seidenherstellung zu gewinnen und als sein Monopol nach Europa zu bringen und die letzten Reste des Heidentums zu beseitigen; nachdem er dem Römischen Reich auf diese Weise anscheinend neue Lebenskraft eingehaucht hatte, hinterließ er es, beladen mit majestätischen Kirchen und umgeben von kunstvollen Befestigungsanlagen. Unter Justinian erglänzte die Herrlichkeit Roms wieder von Spanien bis an die Grenzen Persiens, von der Sahara bis zur Donau.

Diese bedeutenden Männer, die die römische Welt nach der großen strukturellen Krise im 3. Jahrhundert beherrschten, hatten alle etwas gemeinsam. Sie erschienen hart, grausam, intolerant und unpersönlich. Die meisten verfolgten irgend jemanden; Diokletian verfolgte die Christen, Theodosius die Heiden und Justinian die Häretiker. Die meisten waren große Baumeister; Gewölbe und Aquädukte, Bäder und Paläste, Wehranlagen und Tempel erinnern an Diokletian, Konstantin und Justinian. Alle erscheinen in Geschichte und Kunst als Männer von übermenschlicher Größe, als rastlose und unermüdliche Titanen, die es durch ihre gewaltigen, hingebungsvollen Bemühungen zustande brachten, den schicksalhaften Geschichtsablauf zu verändern, für kurze Zeit das unaufhaltsam zusammenstürzende Gebäude zu stützen. Denn, sobald sie ihre Hand zurückgezogen hatten, bröckelte das Gebäude weiter ab. Diokletian reorganisierte das heidnische Reich, konnte es aber nicht erhalten. Als er seine Hand zurückzog, kam es wieder zu einem Bürgerkrieg, dessen Ausgang niemand vorhersagen konnte. Konstantin brachte dem Reich eine neue Religion, eine neue Struktur, eine neue Dynastie, aber er konnte ihm keine neue Lebenskraft einhauchen. Nach seinem Tod traten wieder die alten Probleme auf: Nachfolgefragen, Religionsstreitigkeiten, Siege der Perser und Einbrüche der Barbaren. Theodosius starb, und das Reich, das er zusammengehalten hatte, zerbrach. Ein Jahr nach seinem Tod klagte der hl. Hieronymus, daß das Römische Reich zerfalle und daß die römischen Legionen, die Besieger und Herren der Erde, gegen die Reitervölker der Steppe hilflos seien. Fünfzehn Jahre später sollte er mit Schrecken erfahren, daß die Goten sogar Rom, jene Stadt, von der aus die ganze Welt erobert worden war, eingenommen hatten. Sogar die spektakulären Triumphe während der langen Regierungszeit Justinians gingen zusammen mit ihm dahin; nach seinem Tod eroberten Perser, Moslems und Barbaren seine Befestigungsanlagen; die Häretiker, die er verfolgt hatte, rächten sich, indem sie die Eroberer freudig aufnahmen; und in der Hauptstadt des Reiches sollten sittenstrenge Bilderstürmer bald den majestätischen Glanz seiner Kirchen zerstören.

Zweifellos liegt der unpersönliche Eindruck, den die großen Kaiser der letzten Jahrhunderte machten, auch in der priesterlichen Aura begründet, der ihnen von der Kirche verliehen wurde. Die frühchristlichen Bischöfe waren die großen Schmeichler der Kaiser. Der Bischof von Caesarea, Eusebius, schmeichelte Konstantin, der hl. Chrysostomos schmeichelte Theodosius ebenso wie Bischof Bossuet Ludwig XIV.

schmeicheln sollte. Kaiser Justinian und seine Gemahlin Kaiserin Theodora wurden in den Mosaiken von Ravenna als weitgehend stilisierte Figuren dargestellt; wer würde angesichts dieser strengen Haltung vermuten, daß die Kaiserin eine Prostituierte gewesen war, die auf der Bühne sicherlich eine recht lockere Haltung eingenommen hatte? Nur ein einziger Kaiser dieser Zeit erscheint uns menschlich, nämlich der Heide Julian Apostata, der das Glück hatte, von einem symphatischen heidnischen Historiker geschildert zu werden. Aber auch Julian erscheint uns in all seiner Menschlichkeit als ein Mann, der ohnmächtig gegen einen reißenden Strom schwamm. Er sah sich von vornherein als ein solcher. Als er mit dem Purpur bekleidet wurde, sah er darin eine Art Todesurteil: Man hörte ihn leise eine Strophe Homers über „den pur-

18 Justinians Gemahlin, die Kaiserin Theodora, mit ihrer Dienerschaft (zeitgenössisches Mosaik aus der Kirche San Vitale, Ravenna).

19 Julian Apostata, der Erneuerer des Heidentums, eine zugängliche und menschliche Gestalt in einer Reihe unpersönlicher Kaiser.

purnen Tod und das allüberwältigende Schicksal" zitieren. Sein Versuch, das Heidentum wiederherzustellen, war ebenso vergeblich wie die Versuche seiner Gegner, das Reich durch Christianisierung wieder zu beleben. Sein Heidentum hatte etwas Unechtes, es war nicht das alte humanitäre Heidentum Griechenlands, sondern eine abergläubische moderne Spielart davon. Nach seinem Tod zerfiel sein gesamtes Werk, und seine letzten Worte waren, wie uns überliefert wurde, „vicisti Galilaee" – du hast gesiegt, Galiläer.

Wie sollen wir uns diesen offensichtlich unaufhaltsamen Niedergang des Römischen Reiches erklären, diesen Niedergang, gegen den, wie es schien, nichts, weder menschliche Anstrengung noch politisches Genie, aufkommen konnte? Es ist vorschnell, allgemeine Ursachen für

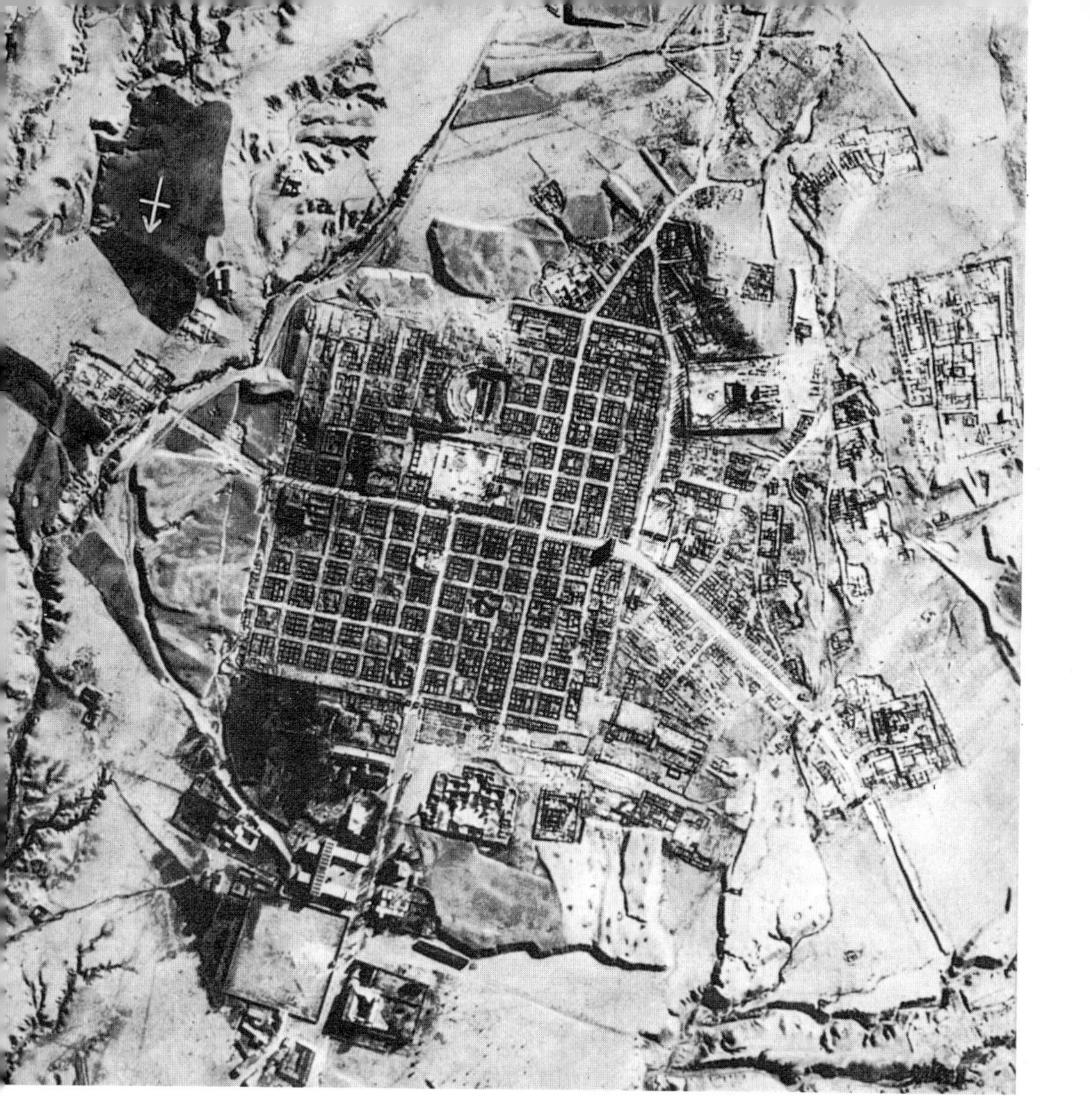

RÖMISCHE STÄDTE

20, 21, 22 Regelmäßig und zentral geplante, eindrucksvolle öffentliche Bauten. *Gegenüberliegende Seite:* Luftaufnahme von Timgad in Algerien; *diese Seite, oben und Mitte:* Bäder in Timgad und das Amphitheater in Arles.

23, 24 *Gegenüberliegende Seite, links unten:* Architektur nach griechischem Vorbild: Triumphbogen von Palmyra, Syrien. *Daneben:* Reste des Jupitertempels von Baalbek.

25 Die Porta Nigra in Trier, einer der größten Städte im Weströmischen Reich; für kurze Zeit sogar Hauptstadt.

ein historisches Problem verantwortlich zu machen, insbesondere für ein Problem dieser Größenordnung. Ich möchte aber einige Hauptfaktoren aufzeigen, die von Historikern erforscht wurden und die, beziehungsweise deren Kombination, zumindest ein wenig Aufklärung geben könnten. Es gibt drei solcher Hauptfaktoren. Den ersten bildet die Beziehung zwischen Stadt und Land, den zweiten die Staatsreligion und den dritten der Einbruch der Barbaren.

Die Problematik von Stadt und Land im Römischen Reich hat die Historiker viel beschäftigt. Fraglos spielten der Niedergang der Städte und die Agrarisierung Europas eine bedeutende Rolle bei der schrittweisen inneren Umwandlung, die dem Reich seine alte Kraft raubte. Das Römische Reich war in seiner Blütezeit, im Goldenen „Zeitalter der Antoninen" – der Epoche von Trajan bis Mark Aurel, die man später als die glücklichste Ära in der Menschheitsgeschichte betrachtete –, im wesentlichen eine Stadtkultur gewesen. Diese großartigen, gut angelegten Städte, deren Überreste mit ihren gepflasterten Straßen, mit den Verwaltungsgebäuden, den Theatern und Tempeln, Gerichtshöfen und öffentlichen Bädern uns wohlbekannt sind, erscheinen uns noch immer als Charakteristika römischer Zivilisation. Imposant und zentral geplant, übermitteln sie einen lebendigen Eindruck von Ordnung, Uniformität und Autorität. Sie unterscheiden sich wesentlich von den mittelalterlichen Städten Europas. Sie wuchsen nicht zufällig, sie waren nicht das Ergebnis eines planlosen Zusammenströmens von Kaufleuten, die sich um eine Burg oder ein Kloster ansiedelten. Sie waren von der Obrigkeit angelegt und besiedelt worden. Sie waren oft auf kaiserlichen Befehl „gegründete" Städte, wie ihre Namen verraten: Caesarea, Augusta, Adrianopel, Konstantinopel. Der Name des Kaisers, den sie trugen, gab ihnen einen staatlichen, offiziellen Charakter, den ihre öffentlichen Denkmäler noch bewahren und der sie – ob sie nun in Europa, Asien oder Afrika liegen – für immer „römisch" machte.

Zumindest nennen wir sie „römisch". Wenn wir aber näher hinsehen, erkennen wir bald, daß ihre Genealogie keineswegs römisch ist. Rom, das republikanische Rom, diente ihnen nicht als Modell. Wie so oft im Römischen Reich war ihr Vorbild nicht italienisch, nicht einmal europäisch, sondern kam aus dem Osten. Als Beispiel dienten ihnen meist andere gegründete Städte – Philippi, Alexandria, Antiochia, Seleukia und Ptolemaia, griechische Städte, die von makedonischen Eroberern rund um das östliche Mittelmeer angelegt worden waren. Natürlich bezeichnen wir das von Augustus gegründete Reich als das

Römische. Römische Waffen eroberten dieses Reich; die Cäsaren, die seine Einrichtungen begründeten, waren Römer; und Rom war seine Hauptstadt. In Wirklichkeit aber war Rom nicht der natürliche Schwerpunkt dieses Reiches. Sein Wohlstand kam weitgehend aus Asien, aus Afrika und aus dem Osten. Zwei Drittel des Getreides für die Stadt Rom kamen aus Afrika. Die Eroberung Ägyptens hatte Augustus die Errichtung des Reiches ermöglicht, und die Steuern der östlichen Provinzen hielten es in Gang. In zunehmendem Maß befand sich der kulturelle Schwerpunkt bei den griechischen Städten des Ostens, und dort lag auch das Zentrum des Wettstreites zwischen den neuen Religionen. Schon sehr früh zeigte sich die Künstlichkeit einer Regierung von Rom aus. Bereits vor dem „Zeitalter der Antoninen" hatte man, wie Tacitus bemerkte, entdeckt, daß Kaiser auch anderswo als in Rom gekürt werden konnten. Im 3. Jahrhundert n. Chr. wurden sie meist anderswo gekürt. In diesem Jahrhundert gab es neben den Usurpatoren aus den Grenzgebieten auch syrische, afrikanische und halbbarbarische Herrscher, und ihre Besuche in Rom wurden immer seltener. Im 4. Jahrhundert war die Stadt Rom historische Provinz geworden. Ihre Eroberung durch die Goten unter der Führung Alarichs im Jahr 410 bedeutete aber einen allgemeinen Schock. Ich habe erwähnt, wie stark dieser Schock den hl. Hieronymus in Palästina traf. Rom war immerhin noch Rom, die unsterbliche, unbezwingbare Stadt, die den Galliern getrotzt und sogar Hannibal besiegt hatte. Ein derartiger Schock ließ die Menschen an der göttlichen Grundlage des Reiches zweifeln. Die Heiden behaupteten, die Übernahme des Christentums hätte diese Katastrophe verschuldet, und der hl. Augustinus schrieb sein berühmtestes Werk, „De civitate Dei", um diesen Vorwurf zurückzuweisen. Es war jedoch keine echte Katastrophe, da die Hauptstadt des Reiches damals längst anderswo lag. Die Hauptstadt, das Hauptquartier der Soldatenkaiser, lag im Norden, in Reichweite der bedrohten Grenzen, der Donau und dem Rhein. Sie lag in Nikomedia, Konstantinopel, Ravenna, Mailand und Trier.

Befand sich das Regierungszentrum weit entfernt von Rom im Norden, so befanden sich die Kulturzentren weit entfernt im Osten. Die Philosophenschule befand sich in Athen, die Rechtsschule in Beirut. Naturwissenschaften studierte man in Ägypten und Syrien. In Ägypten zeichnete Ptolemäus eine Himmelskarte, so wie einst Eratosthenes die Erde vermessen hatte. Die technische Hochschule und die große wissenschaftliche Bibliothek befanden sich in Alexandria. Nach dem Jahr 200 kamen die berühmtesten Schriftsteller des Reiches aus den grie-

27 Pont du Gard bei Nîmes (erbaut um 14 n. Chr.). Dieser größte aller römischen Aquädukte leitete das Wasser in einer Höhe von über 50 m auf der obersten Bogenreihe über den Fluß.

26 Römisches Grabmal aus Neumagen am Niederrhein in Gestalt eines Weintransportschiffes. Es erinnert wahrscheinlich an einen der wohlhabenden Stadtkaufleute, die die Leitung der fruchtbaren Weingärten an sich gebracht hatten.

chischen Städten des Ostens, sogar jene, die wie der Historiker Ammianus oder der Dichter Claudian in lateinischer Sprache schrieben; die großen Abendländer – Tertullian, Apulejus und Augustinus – kamen aus Afrika. Und auch die Wirtschaftszentren des Reiches lagen in den griechischen oder hellenisierten Städten des Ostens. Zwei Drittel der Bevölkerung des Reiches lebte in den östlichen Provinzen. Diese Provinzen lieferten gemeinsam mit Afrika das Getreide für Italien und die kaiserlichen Armeen. Sie stellten den kommerziellen und industriellen Mittelpunkt des Imperiums dar. Über ihr Gebiet erfolgte der ausgedehnte Handel zur See oder mittels Karawanen, der das Reich mit Seide aus China und Gewürzen aus Indonesien versorgte. Dort wurden die Fertigwaren für den Export in die Westprovinzen hergestellt; syrische und jüdische Kaufleute brachten sie nach Spanien,

Frankreich und Britannien. Und die Steuern, die die Wohlhabenden des Ostens aufbringen mußten, hielten die große, überlastete Regierungs- und Kriegsmaschinerie in Gang.

Ganz anders stand es mit den römischen Städten des Westens: Segovia, Merida, Arles, Köln und York. Sie waren Militärlager, strategische Posten und wichtige Kreuzwege. Als solche konsumierten sie hauptsächlich, produzierten jedoch nicht. Diejenigen von ihnen, die produzierten, waren Zentren der Landwirtschaft. Sie erzeugten zwar kein Getreide, denn Getreide gedieh besser in Nordafrika, dafür aber Öl und Wein, vor allem Wein. Einige berühmte Weinberge von heute liegen rund um die gallisch-römischen Städte des Reiches – um Reims, die Hauptstadt der Champagne, und um Trier, die zeitweilige Hauptstadt des Reiches.

Wenn das Römische Reich also einen Bund großer Städte darstellte, die durch ein gewaltiges Straßennetz verbunden waren, so gab es doch einen bedeutenden Unterschied zwischen den Städten des Ostens und jenen des Westens. Die Städte des Ostens waren echte Städte. Sie schufen den Wohlstand, der das Reich erhielt. Die westlichen Städte dagegen waren Kolonialstädte, sie lebten vom Gewinn des Ostens, der in Form von Steuern an sie kam, und von den Erzeugnissen des Ostens, die sie mit Hilfe des Steuerertrages kauften oder vom Erlös ihres Wein- und Ölhandels bezahlten. Oberflächlich besehen, mögen sich die Städte gleichen; sie alle hatten ihre Amphitheater, ihre Foren und Bäder. Aber es gab einen strukturellen Unterschied. Der Osten war geblieben, was er schon in den Tagen vor der römischen Eroberung gewesen war, nämlich eine städtische Gesellschaft. Der Westen hingegen war immer noch eine bäuerliche, provinzielle, ja koloniale Gesellschaft. Der Unterschied wird in ihrer Kultur deutlich. Die Intellektuellen des Ostens waren Professoren, Theologen, Rechtsanwälte und Wissenschafter, die Produkte einer verfeinerten Gesellschaft. Jene des Westens, sogar in Italien, waren bäuerliche Großgrundbesitzer oder römische Beamte, oft beides zugleich.

Soviel über die Städte, aber wie steht es mit dem flachen Land? Naturgemäß wissen wir über das Land weniger; aber eines, denke ich,

28 Gallischer Bauer, der seine Waren auf den Markt bringt (Marmorrelief aus dem 1. Jahrhundert).

ist ziemlich klar. Je verfeinerter die Städte waren, um so weniger Kontakt hatten sie zum Land, das sie umgab. In Asien, in Ägypten waren die Städte griechisch, das Land aber war ägyptisch, syrisch und anatolisch. Im westlichen Nordafrika, in Spanien, Gallien und Britannien waren die Städte römisch, auf dem Land jedoch siedelten Punier, Berber, Iberer und Kelten. Die Angehörigen der unterworfenen Völker – sie erhielten alle das römische Bürgerrecht – wurden von den Städten aufgesogen und paßten sich, wenn sie reich genug waren, der Stadtkultur an; der Unterschied blieb jedoch bestehen. Worin bestand nun diese Stadtkultur? Die Tatsache, daß die Städte dem Land aufgezwungen, von den Eroberern gegründet und besiedelt wurden, anstatt natürlich gewachsen zu sein, ließ ihre Kultur künstlich werden, diese traditionsbewußte und kosmopolitische griechisch-römische Kultur, die für eine vornehme, steuereintreibende Herrscherschicht geschaffen war. Sie bedeutete den heimischen Handwerkern und der Masse der Armen in den großen Städten des Ostens wenig; noch weniger bedeutete sie den einheimischen Bauern der umgebenden Landstriche, die ihre Eigenart, ihre Gewohnheiten und ihre religiösen Kulte beibehielten. Nur in den Städten waren diese Religionen mit dem steifen, staatlichen und durch den Kaiser geheiligten Kult Griechenlands und Roms verschmolzen.

Während des gesamten Goldenen Zeitalters der Antoninen hatte sich

29 Bauern liefern einem Städter, der von seinen Gehilfen umgeben ist, Geld, vielleicht Pacht, ab (Relief des frühen 3. Jahrhunderts aus Neumagen).

die Struktur des Reiches, solange sie intakt geblieben war, auf die Städte gestützt. Kultivierte römische Regenten, wie die antoninischen Kaiser, repräsentierten in positiver Weise römischen Ernst und stoische Grundsätze und standen an der Spitze einer geordneten und kultivierten städtischen Gesellschaft. Reiche Touristen reisten von Stadt zu Stadt, an ihrer Spitze Kaiser Hadrian, dieser unermüdliche Weltreisende, dessen Angedenken in Newcastle-upon-Tyne, in Jerusalem und in Adrianopel noch lebendig ist. Wir besitzen zahlreiche flüchtige Zeugnisse über Hadrian, zum Beispiel wie er auf seinen Reisen den keuchenden Höflingen voranschritt, um die historischen Stätten seines ungeheuer ausgedehnten Reiches zu besichtigen; natürlich folgten viele dem kaiserlichen Vorbild. Ein betriebsamer griechischer Baedeker, ein gewisser Pausanias, schrieb einen unentbehrlichen Führer für Griechenland-

30 Der Hadrianswall wurde 121–126 n. Chr. als Wehr gegen die Pikten erbaut und schützte die Nordgrenze des Reiches mit einer dreifachen Befestigungslinie Die massive Steinmauer wurde von jeder Seite durch einen Graben gesichert.

reisende, und aus der Schar der städtischen Armen rekrutierte sich eine Klasse berufsmäßiger Fremdenführer, deren profunde Unkenntnis und reiche Erfindungsgabe die Kenner entsetzten. Solche Reisen stärkten das Bewußtsein des Weltbürgertums in einem kosmopolitischen Reich; sie stärkten auch die kosmopolitische Herrenschicht. In Nordafrika, Asien und Europa verschanzte sich das griechisch-römische Establishment behaglich in den Städten. Es war fest in der Stadtgesellschaft verwurzelt und lebte von Zinsen und Steuern. Für dieses Establishment wurde der Osthandel organisiert, wurden lokale Handwerksbetriebe geschaffen. Die nicht-etablierte Welt in Stadt und Land, Handwerker und Bauern, fügte sich in die geziemende Unterwürfigkeit, akzeptierte die Überlegenheit der herrschenden Schicht, bewarb sich um ihren Schutz, denn sie schien für alle Ewigkeit zu bestehen.

31 Zeitgenössische Marmorbüste Kaiser Hadrians, der die abgelegensten Grenzgebiete seines Reiches aufsuchte.

Aber sie bestand nicht für alle Ewigkeit. In Zeiten der Prosperität kann eine Klasse, die von den Steuern anderer lebt, hingenommen werden: sie sorgt für Arbeit; sie mag sogar die Führung beanspruchen. In Zeiten der Wirtschaftskrise jedoch kommen ihre schwachen Grundlagen zum Vorschein. In der Mitte des 3. Jahrhunderts wurde das Imperium von einer Wirtschaftskrise erfaßt. Wir wissen nicht genau, wodurch sie ausgelöst wurde. Das Reich befand sich in einer langanhaltenden politischen Krise, es kam zu Thronstreitigkeiten und daneben zu außenpolitischer Bedrängnis: die Barbaren begannen Rhein und Donau zu bestürmen; unter den neuen Sassanidenkönigen wurde Persien zu einem gefährlichen Rivalen Roms. Aber politische und militärische Bedrohungen allein verursachen kaum eine grundlegende Gesellschaftskrise; meist enthüllen sie diese nur. Die Ursache für die Krise des Imperiums im 3. Jahrhundert lag nicht in der Nachfolgefrage oder in dem Problem, die Goten, Gepiden und Perser in Schach zu halten; sie war im gesamten Reich zu suchen. Die Barbaren schleppten schreckliche Seuchen ein (Seuchen haben in der Geschichte oft eine entscheidende Rolle gespielt), die die Bevölkerung dezimierten; daher mußte den Barbaren gestattet werden, die Reihen aufzufüllen. Trotzdem nahm die Bevölkerung des Reiches ab; angeblich ist sie auf ein Drittel zusammengeschrumpft. Dadurch wurden natürlich die Stärke der Armee und das Produktionspotential in Mitleidenschaft gezogen. Zur selben Zeit stagnierte die Goldversorgung; die Gründe dafür kennen wir nicht. Einige behaupten, die Goldminen Europas wären erschöpft gewesen; andere, daß die unaufhörlich sinkende Handelsbilanz das Gold nach dem Osten abgeleitet hätte. Wahrscheinlicher ist, daß der wirtschaftliche Anreiz schwächer geworden war. Ohne Goldexport stockte jedenfalls der weitgespannte Handel mit dem Osten. Mit dem Handel brach auch die Währung zusammen und damit das feste Einkommen des Staates. Kaiser, deren Titel zweifelhaft waren und deren kurze Regierungszeit von Bürgerkriegen und auswärtigen Kämpfen erfüllt war, konnten dieser verhängnisvollen Verkettung nicht Einhalt gebieten.

Die Krise im 3. Jahrhundert brachte einige ungewöhnliche Kaiser hervor. Einmal saß ein syrischer Priester, ein anderes Mal ein thrakischer Faustkämpfer auf dem Thron, den früher Trajan und Mark Aurel innegehabt hatten. Einige Kaiser erwarben den Thron durch Mord; einer kaufte ihn für bares Geld. Es kam zu schrecklichen Demütigungen; die schlimmste von ihnen war die Niederlage und Gefangennahme des

32 Ein sassanidisches Felsrelief verherrlicht die Siege des persischen Königs Schahpur I. Der König hält den 259 in Edessa gefangengenommenen Kaiser Valerian beim Handgelenk; vor ihm Philipp der Araber, unter seinem Pferd Gordian III.

Kaisers Valerian durch die Perser – ein Felsrelief der Sassaniden über der alten persischen Hauptstadt Persepolis erinnert an diese berühmte Szene. Für den Kaiser bedeutete diese Gefangenschaft Erniedrigung ohne Ende; den Rest seines Lebens verbrachte er in Ketten und mußte dem persischen König als lebender Schemel dienen, sooft dieser sein Pferd bestieg. Dies waren die dramatischen Ereignisse, die die Auflösung des ersten Römischen Kaiserreiches, des Reiches der Cäsaren und Antoninen, begleiteten. Weniger dramatisch, aber letztlich bedeutsamer waren die begleitenden Umwälzungen in Stadt und Land, in Religion und Heerwesen des Staates. Denn als die Wirtschaftskrise die großen römischen Städte ergriff, wurde die bedenkliche Lage ihrer griechisch-römischen Herrenschichte offenbar. Nach innen besaß diese Gruppe keinerlei Einfluß auf die unabhängigen Handwerker und die Armen; nach außen besaß sie keinen Einfluß auf das flache Land. Die städtischen Armen zeigten ihre Entfremdung durch die Annahme neuer Religionen. Sie überließen es der privilegierten Klasse, ihr Knie vor den blutleer gewordenen überlieferten Göttern ihrer Tradition zu beugen oder stoische und epikuräische Tugenden zur Schau zu tragen – Tugenden, die zwar dem einzelnen helfen konnten, die Unsicherheiten des Lebens in Selbstgenügsamkeit und Gelassenheit zu ertragen, die aber eine auseinanderbrechende Gesellschaft nicht zu kitten vermochten –, und sie wandten sich den wärmeren, mystischeren neuen Häresien des Ostens zu, die den Gläubigen besseren Trost und wahrhaftigeres Heil versprachen. Zur selben Zeit wandte sich auch das ländliche Proletariat ab. In den Jahren des Elends, als seine fremden Herren das Geheimnis des Regierens verloren zu haben schienen, besann es sich seiner nationalen Eigenart. Diesen Armen wurde wieder bewußt, daß sie weder Griechen noch Römer, sondern Syrer, Ägypter und Berber waren; sie hielten sich grollend und machtlos vom politischen Leben fern – mit Ausnahme derjenigen, die in die Armee eingezogen wurden.

So kam es im 3. Jahrhundert, diesem entscheidendsten Jahrhundert des Imperiums, zuerst zu einem wirtschaftlichen Niedergang, dann zur Isolierung und zum Verfall der griechisch-römischen Stadtoligarchien, die bis dahin das Reich regiert und das Imperium schlechthin ausgemacht hatten. Die Kaiser dieses Jahrhunderts, die sich infolge des Fehlens einer Erbfolgeordnung den Weg zur Macht entweder erkämpft oder erkauft hatten, mußten sich notwendigerweise auf die Armee verlassen. Einmal an der Macht, mochten sie sich an die Stadtoligarchien um Unterstützung wenden; aber die Hilfe, die sie dort finden konnten, war gering. Nahrungsmittel vom Land wären für den Unterhalt der Armee nun wichtiger geworden als Steuern in wertverminderter Währung; außerdem hielten sich nur wenige Kaiser lange genug, um sich der Unterstützung der Städte erfreuen zu können. Über kurz oder lang wandte sich nämlich ein neuer Usurpator wieder an die Armee und an die Gegner der Städte. Und mit dieser Abwendung vom städtischen Establishment appellierten die ehrgeizigen neuen Herrscher unweigerlich an die Häresien, die sich in der Unterwelt der Städte verbreitet hatten und die nun durch die allgemeine Unsicherheit in den Städten endlich zu ihrem Recht kamen.

Wir kommen damit zu einem der spannendsten Kapitel in der Geschichte des Spätrömischen Reiches; zum Aufkommen der „Mysterienkulte". Da die neuen Religionen in der Unterwelt der Städte gediehen und da sich die großen Städte des Reiches weitgehend im Osten befanden, handelte es sich dabei naturgemäß um östliche Religionen oder besser um östliche Häresien; denn es geschieht selten, daß die offizielle Religion eines Landes in einem anderen zivilisierten Staat Verbreitung findet; das hat zu sehr den Beigeschmack von „kulturellem Imperialismus" an sich. Unter solchen Voraussetzungen wird nicht der orthodoxe Glaube angenommen, sondern eine häretische Spielart der Religion benachbarter Mächte.

Besonders anziehend waren eine Zeitlang die „Mysterienkulte" persischer Herkunft. Denn die Herrenschichte im Persischen Reich, diesem großen Rivalen Roms, hatte ebenfalls einen starren altertümlichen Traditionalismus angenommen, und die unterdrückten unzufriedenen Schichten in den Städten hatten neuen Häresien Gehör geschenkt, die von den Königen Persiens in Notzeiten sogar mitunter begünstigt wurden. Im 3. und 4. Jahrhundert drangen zwei solcher persischer Häresien, nämlich der Mithras-Kult und der Manichäismus, in das Römische Reich ein. Im Mithras-Kult, der Ketzerei aus den westlichen Randzonen des Persischen Reiches, hatten sich die herkömmlichen Kulte des Zarathustra mit älteren syrischen Religionen vermischt. Dieser neue Kult mit seiner rituellen Stiertötung, die die Sünden der Welt wegwaschen sollte, wurde von den römischen Soldaten bis in ihre Lager an Rhein und Donau, nach Britannien und Spanien getragen. Der Manichäismus war die Lehre des persischen Lehrers Mani, der 276 n. Chr. dafür gekreuzigt wurde. Er betrachtete die Welt als einen Kampf zwischen den Kräften Gut und Böse, und seine Ideen, denen in Europa und Asien eine lange und abwechslungsreiche Geschichte bestimmt war, sollten die grandiose Vorstellungskraft des hl. Augustinus anregen. Manche römische Kaiser glaubten, ihr zerrüttetes Reich festigen zu können, indem sie die Perser, die ihr Imperium so erfolgreich wiederhergestellt hatten, kopierten: Sie umgaben ihren Thron mit persischem Zeremoniell, übernahmen persische Bräuche und eine persische Religion – oder vielmehr eine persische Häresie, da die orthodoxe persische Religion mit dem persischen Staat untrennbar verbunden war.

Aber auch ägyptische und syrische Häresien waren damals sehr verbreitet. Der neue, künstlich geschaffene ägyptische Gott Serapis – eine Erfindung der griechischen Herrscher Ägyptens, der Ptolemäer – hatte, ebenso wie die weibliche Gottheit Isis, im Reich früh Verbreitung gefunden. Beide besaßen Tempel in Italien, Gallien und an den Grenzen des Reiches in Europa und Afrika. Im 2. Jahrhundert n. Chr. gehörte der gelehrte afrikanische Schriftsteller Apulejus zu jenen, die von der gefühlsbetonten mystischen Verehrung der Isis fasziniert waren. Und man kann nicht umhin, Gibbons Bericht zu zitieren, der über den Versuch des Kaisers Heliogabal berichtete, in Rom den syrischen Sonnengott, dessen Priester er war, einzuführen. Über die feierliche Einweihung des Tempels für den neuen Gott am Palatin berichtet der Historiker: „Die besten Weine, die großartigsten Schlachtopfer und die erlesensten Gewürze wurden auf diesem Altar dargebracht; rund um den Altar führte ein Chor syrischer Jungfrauen zu den Klängen barbarischer Musik laszive Tänze auf, während die bedeutendsten Persönlichkeiten von Staat und Armee, in lange phönizische Tuniken gehüllt, mit geheucheltem Eifer und heimlichem Unwillen die niedrigsten Dienste verrichteten." Ein anderer orientalischer Mysterienkult war das Christentum, das der Apostel Paulus zur Zeit Neros den Armen der Städte Saloniki, Korinth, Kolossae, Ephesus und Rom gepredigt hatte. Nichts ließ jedoch im 3. Jahrhundert darauf schließen, daß diese jüdische Sekte einmal mit den viel verlockenderen Mysterienkulten aus Persien, Syrien und Ägypten würde wetteifern können.

Wir können also einen folgerichtigen Prozeß feststellen, der sich das gesamte 3. Jahrhundert hindurch fortentwickelte. Die alte Herrenschichte des Reiches und die Stadtoligarchien des Ostens waren gemeinsam mit ihrer Kultur und ihrer Religion, dem etablierten griechisch-römischen Heidentum, im Niedergang begriffen. Das städtische Proletariat und die bäuerlichen Schichten hatten ihr Interesse an dieser künstlichen Gesellschaft verloren, die sich selbst nicht länger durch ihren Wohlstand rechtfertigen konnte und ihr Selbstvertrauen verloren hatte. Auch die Armee fühlte keine natürliche Loyalität den Städten gegenüber, die sich immer mehr von ihnen separierten. Darüber hinaus war die Armee im 3. Jahrhundert wichtiger denn je. Die Kaiser brauchten sie notwendig zur Sicherung ihrer Macht, das Reich brauchte sie, um mit den Aufständen in den Provinzen und den eindringenden Barbaren fertig zu werden. Und weil sie so wichtig war, besaß sie das Selbstvertrauen, das die nutzlose, parasitenhafte Schicht der Stadtmagnaten zu verlieren begann.

Gegen Ende des dritten Jahrhunderts wurde eine Lösung für dieses Problem gefunden. Durch bewußte Abwendung von den Städten und

33, 34 *Oben:* Der Mithraskult. Gott Mithras wäscht die Sünden der Welt durch rituelle Stieropfer hinweg. *Unten:* Manichäismus. Dieses Fresko, das vermutlich Mani und seine Jünger darstellt, stammt aus der Oase Turfan in Sinkiang.

35, 36 Die ägyptischen Konkurrenten des Christentums: Kopf des Serapis aus dem späten 2. Jahrhundert und *(Mitte)* Verehrung der Isis. Dieses Fresko aus Herculanäum zeigt den Morgengottesdienst bei der Öffnung des Tempels in einem Heiligtum in Kampanien.

37 *Rechts:* Der „Synkretismus". Im späten Römischen Reich verschmolzen die miteinander konkurrierenden Religionen oftmals. Dieses Mosaik in den Katakomben unter dem Petersdom in Rom stellt Christus mit den Attributen des heidnischen Sonnengottes dar.

Ausrichtung des Hauptinteresses auf die Armee gelang es einer Reihe von Kaisern, die Grenzen erfolgreich zu verteidigen und die Barbaren aufzuhalten. Aber sie versäumten es, die inneren Probleme des Reiches zu lösen; sie bürdeten den Städten, deren Niedergang dadurch beschleunigt wurde, immer größere Lasten auf. Sie kämpften gegen die neuen Religionen, konnten der alten aber keine Überzeugungskraft geben. Der bedeutendste dieser Kaiser, Diokletian, entschloß sich, dem persischen Beispiel zu folgen. Er gab die alten Freiheiten auf, die von Augustus sorgsam gehütet worden waren und die dem traditionellen Denken römischer Senatoren und griechischer Bürger entsprochen hatten, und umgab seinen Thron mit orientalischem Pomp und orientalischer Servilität; das bedeutete eine genau festgelegte Hierarchie, Hofadel und eine Schar Eunuchen. Auch er nahm eine neue persische Häresie an. Im Jahre 307, als Konstantin bereits sein Partner in der Regierung war, erklärte er Mithras feierlich zum Schutzherrn des Reiches. Damals hätte der Mithraskult die Religion Roms werden können.

Da sich Diokletian einer bestimmten Sekte zugewandt hatte, verfolgte er die anderen, die er verworfen hatte; besonders hartnäckig verfolgte er die Christen. Es kam zur großen Verfolgung von 302–312, die aus den Annalen unserer Kirche bekannt ist. Aber während der Christenverfolgungen erkannte Diokletian – vielmehr erkannten seine Nachfolger – bald eine wichtige Tatsache. Seit der letzten Verfolgung – jener des Decius um die Mitte des 3. Jahrhunderts – hatte das Christentum neue Kraft gewonnen. Ich habe erwähnt, daß die neuen Häresien ausnahmslos von den Städten ausgegangen waren. Die meisten waren auf die Städte beschränkt geblieben. Einige – vor allem der Mithraskult – waren von der Armee angenommen worden. Aber in den letzten Jahren hatte das Christentum als einzige Religion weite und wichtige Gebiete des flachen Landes erobert. Dabei hatte es sich eine neue Zähigkeit angeeignet, die es gegen Verfolgungen gefeit machte. Ähnlich dem Calvinismus im 17. Jahrhundert in Schottland und in Südfrankreich konnte das frühe Christentum, sogar als seine Führer zu wanken begannen, durch eine störrische, sittenstrenge Bauernschaft erhalten werden. Als Konstantin nach einem blutigen Bürgerkrieg das Erbe Diokletians antrat, ging er einen Schritt weiter. Diokletian hatte ihm eine absolute, hierarchisch aufgebaute, erbliche und nach persischem Modell orientierte Militärmonarchie hinterlassen; sie bezog ihre Kraft aus dem Land und nicht nur aus den Städten, deren alte Vorrechte nun gebrochen waren. Wie Diokletian verlegte er seine Residenzstadt in

38 Diese Fresken aus dem 13. Jahrhundert stellen die angebliche Übergabe der irdischen Macht im Westen durch Konstantin an Papst Sylvester dar. Auf diese „Konstantinische Schenkung" berief sich das Papsttum zum ersten Mal im 8. Jahrhundert, sie wurde erst im 15. Jahrhundert als Fälschung entlarvt.

den Osten, in das wirkliche Zentrum des Reiches. Diokletian hatte in Nikomedia am Marmarameer regiert; Konstantin wählte eine nahegelegene Stadt am Bosporus: Byzanz. Wie Diokletian suchte er die Währung zu sanieren, und dies gelang ihm auch weit wirksamer. Wie Diokletian wandte er dem alten, orthodoxen Heidentum den Rücken. Aber der Kult, den er wählte, war weder syrisch noch persisch oder ägyptisch: es war jene Religion, die ihren Einfluß auf das Land bewiesen hatte. Durch seine Bekehrung (welche Motive auch immer ihn dazu getrieben hatten), durch die Identifizierung des Reiches mit dem Christentum tat Konstantin den letzten logischen Schritt in der Umschichtung des Reiches, indem er ihm sein altes Fundament, die kraftlos gewordene städtische Aristokratie, entzog. Von nun an war die Monarchie auf ein zunehmend christliches, zunehmend ländliches Fundament gestellt.

Der zunehmend ländliche Charakter des christlichen Reiches nach Konstantin ist allgemein bekannt. Das war aber keine direkte Folge des Christentums, denn schließlich hatte das Christentum als städtische Bewegung begonnen. Das Christentum war allerdings eine „evangelische" Religion, es hatte sich mit Erfolgen in den Städten nicht zufrieden geben können, es war hinausgezogen und hatte das Land erobert. Und nun bezog es seine größte Kraft – eine neue, strenge, messianische Kraft – aus eben diesem Land. In der bäuerlichen Kabylenregion Algeriens, die viel später zu einem Zentrum des Islam, in unseren Tagen zu einem Zentrum des Aufstandes wurden, drohte eine strenggläubige

Bewegung des 4. Jahrhunderts die überaus tolerante Staatskirche zu stürzen. Eine seltsame Schar von Mönchen und Eremiten verbreitete das Christentum bei den Bauern Ägyptens. Die Schriften dieser Mönche geben eine köstliche Lektüre ab; wir begegnen dem hl. Antonius mit seinen herrlichen Versuchungen, dem hl. Pachomius mit seiner wenig appetitanregenden Kost aus getrockneten Palmblättern; dem hl. Symeon Stylites auf seiner luftigen Säule. Zahlreiche Mönche und Eremiten waren ebenso wie zahlreiche ihrer bäuerlichen Konvertiten von den Städten auf das Land geflohen: von den Städten, die nun, doppelt besteuert, die hohen Kosten für das neue Reich zu tragen hatten. Der spektakulärste Eremit, der Mann, der zum Patron und Vorbild der Eremiten des Mittelalters werden sollte, war der hl. Hieronymus; dieser gebildete, weltmännische Gelehrte, der durch seinen Auszug aus Rom das Mönchstum in Mode brachte und der sich in Begleitung reicher, eleganter Büßerinnen in die Wüste Palästinas zurückzog. „Für mich", schrieb er, „ist die Stadt ein Gefängnis, die Einsamkeit das Paradies"; und er sang in großartiger, gewählter klassischer Prosa einen Lobgesang auf eine trockene, unmusische, ungewaschene und geschlechtslose Strenggläubigkeit.

Die Christianisierung des Landes stellt aber nur einen Aspekt einer umfassenderen Bewegung dar. Am Ende des 4. Jahrhunderts verlor das Stadtleben seinen Reiz. Die alten Städte des Reiches trieben immer weniger Handel, die Kaufleute verließen ihre Geschäfte und zogen weg. Die lokalen Beamten, die beauftragt waren, gleichbleibend hohe Steuern von einer zahlenmäßig immer geringer werdenden, verarmten Bevölkerung einzutreiben, lehnten diese undankbare Aufgabe ab. Um weitere Ausflüchte unmöglich zu machen, verordnete der Kaiser, daß alle unangenehmen Posten erblich werden sollten, und versuchte auf diese Weise, den Dienst zu erzwingen. Am Ende zogen die verzweifelten Beamten es vor, zu fliehen. Wie so viele Städter flohen sie auf das Land und stellten sich unter den Schutz des großen bäuerlichen Landadels, dessen Machtstellung in diesem Jahrhundert ungeheuer zunahm.

Natürlich schritt dieser Prozeß in dem bereits bäuerlichen Westen am raschesten fort. Vom letzten Jahrhundert des westlichen Reiches besitzen wir aus Italien und Gallien Zeugnisse über das Leben der neuen großen Landadeligen, die uns wie einsame, unbezwingbare Riesen in einer einstürzenden Welt erscheinen. Von den meisten wissen wir kaum etwas; viele waren romanisierte Goten oder Gallier; aber einigen von ihnen gefiel es, ihren Reichtum und ihre Machtfülle durch die ver-

39, 40 Die ersten Einsiedler. *Links:* Detail aus der „Versuchung des hl. Antonius". *Rechts:* „Der hl. Hieronymus in der Wüste". Beide Gemälde stammen von Hieronymus Bosch.

blaßten Reste der alten griechisch-römischen Künste verherrlichen zu lassen. Einer von ihnen war im 4. Jahrhundert Symmachus, ein römischer Aristokrat und Landadeliger, einer der letzten großen Mäzene des gelehrten Heidentums. Für die „Kanaille" Rom, wie er sich ausdrückte, gab er die großartigsten, teuersten Spiele, die jemals veranstaltet wurden. Um seine ländliche „Menage" aufrechtzuerhalten, bat er einen Freund an der Donau, ihm 20 Sklaven als Stallburschen zu senden – sie wären, meinte er, in den Grenzgebieten besser und billiger. In der Zeit zwischen dem Einnehmen und dem Ausgeben seiner Einkünfte aus der bäuerlichen Fronarbeit schrieb er ausgefeilte Briefe, voll literarischer Affektiertheit und ohne intellektuelle Substanz. Im nächsten Jahrhundert führte Sidonius Apollinaris ein ähnliches, wenn auch gefährdeteres Leben in Gallien. Die Gesellschaft um ihn herum befand sich in Aufruhr und Unsicherheit. Er beschreibt das Eindringen der Barbaren, der Vandalen, Hunnen und Burgunder, die sich die Haare mit Butter einzureiben pflegten. Sein eigenes Leben war recht stabil: ein Leben zwischen Einladungen, Tennisspielen, Badeveranstaltungen und erlesenen Speisen. Auch Sidonius war ein bedeutender Landadeliger. Als Schwiegersohn eines der letzten Schattenkaiser des Weströmischen Reiches bewegte er sich in der höchsten gallisch-römischen Gesellschaft und beschrieb den Glanz der Barbarenhöfe; bei passender Gelegenheit bekehrte er sich ohne beschwerlichen Wechsel des Wohnsitzes und ohne unwürdiges inneres Ringen von einem selbstzufriedenen Senator und Landadeligen zu einem Bischof seiner Diözese.

Wenn wir diese verschiedenartigen Vorgänge aneinanderfügen, können wir, glaube ich, die Entwicklung klar erkennen. Dieses halbe Jahrhundert politischer Anarchie von 250 bis 300 n. Chr. hatte, verbunden mit Bevölkerungsabnahme, Seuchen und dem Zusammenbruch der Goldversorgung, die der Motor des ausgedehnten Handels gewesen war, das alte städtische Wirtschaftssystem des Reiches tödlich getroffen. Als Militärstaat mußte es seine Grenzen verteidigen und gegen Usurpation im Inneren kämpfen; sein vordringlichstes Bedürfnis bestand darin, seine Armeen zu ernähren, und als der Wohlstand durch den Handel ausblieb, wurde das direkte Mitwirken des Landes immer notwendiger. Aus den Städten wurden immer höhere Steuerleistungen gepreßt, die Wirtschaft wurde durch eine Verkettung negativer Tendenzen geschwächt, und die Verhältnisse zwischen Stadt und Land verschoben sich. Die Verarmung in den Städten schwächte die alte heidnische Herrenschichte und stärkte die Außenseiter, die Häretiker. Im besonderen stärkte sie die Christen, deren Bekehrungseifer und hochorganisierte karitative Hilfe jetzt voll zum Einsatz kamen. Die unmittelbare Abhängigkeit vom Land förderte den großen Landadel. Je wichtiger das Heer wurde, desto mehr beschleunigte sich dieser Prozeß. Am Ende entschieden sich die großen illyrischen Kaiser – Diokletian und Konstantin – angesichts der Anarchie im Zentrum des Reiches, der Aufstände in den Provinzen, des Drucks der Barbaren an den Grenzen und des Wiederaufstiegs Persiens, sich damit abzufinden. Ihre Reorganisation des Reiches kann als Erkenntnis und Bewußtmachung dieser neuen Gegebenheiten gedeutet werden, gegen die ihre Vorgänger vergeblich angekämpft hatten. Sie verlagerten die Hauptstadt des

Reiches gemäß den realen wirtschaftlichen Gegebenheiten nach dem Osten, stützten ihre Regierung weitgehend auf die bäuerlichen und nicht länger auf die städtischen Kreise und festigten die Währung durch eine Herabsetzung des Feinmetallgehalts. Und um ihr Werk zu krönen, nahmen sie eine neue Religion an.

Das alles hat mit der dritten Kraft, die ich erwähnt habe, den eindringenden „unschuldigen Barbaren" (wie Gibbon sie nannte), denen so oft der Untergang Roms angelastet wird, wenig zu tun. In Wirklichkeit zerstörten sie das Reich nämlich nicht, in mancher Hinicht können wir sogar sagen, daß sie das Imperium bewahrten. Sie füllten die Lücken in seiner Bevölkerung auf und wurden zu seinen Verteidigern. Im 3. Jahrhundert bestanden die römischen Heere weitgehend aus Barbaren – „barbarus" wurde das geläufige lateinische Wort für „Soldat". Barbaren stiegen in kaiserlichen Diensten zu hohen Würden auf; denken wir an Stilicho, den romanisierten Vandalen, der nach dem Tod Theodosius des Großen die Bürde des Weströmischen Reiches auf sich nahm. Und sogar nach der Auflösung des Weströmischen Reiches – als die kaiserliche Macht, unfähig, sich zu behaupten, endgültig dahingeschwunden war – setzte sich dieser Prozeß fort. Die Barbaren zerstörten das Reich nicht; sie setzten es fort oder glaubten zumindest, es fortzusetzen. Die christianisierten Barbarenkönige, die im 5. und 6. Jahrhundert in Italien, Frankreich und Spanien regierten, betrachteten sich noch als Römer; obwohl sie gestürzt hatten, was Gibbon „das nutzlose kostspielige Amt" des westlichen Kaisers genannt hatte, betrachteten sie sich doch als Untertanen des oströmischen Kaisers, achteten sie doch die römischen Traditionen und die römischen Einrichtungen. Als der Ostgote Theoderich im 6. Jahrhundert als König von Italien in der ehemaligen kaiserlichen Hauptstadt Ravenna residierte, schienen drei große Persönlichkeiten in Italien noch das alte historische Rom zu verkörpern. Der Senator Boethius, der Plato und Aristoteles auf einen Nenner zu bringen suchte, konnte von Gibbon als würdiger Nachfahre Ciceros bezeichnet werden; Cassiodorus, der die Tradition mönchischer Studien in der Einsamkeit von Squillace in Kalabrien begründete, rief Ciceros Disputationen im Landhaus von Tusculum in Erinnerung; und der Begründer des abendländischen Mönchtums, der hl. Benedikt von Nursia, der einer völlig zersplitterten ländlichen Gesellschaft eine Überlebenschance in der kleinen religiösen Gemeinschaft wies, die ohne Geld von gemeinsam hergestelltem Getreide, Wein und Öl lebte, kann als einer der letzten Römer bezeichnet werden.

Diese theoretische und gefühlsmäßige Kontinuität Roms, selbst zu einer Zeit, da der westliche Teil des Reiches über sein Verteidigungsvermögen hinaus agrarisiert war, dieses Wiedergeltendmachen der Identität mit Rom im Italien der Goten, machten den Versuch Justinians, das Imperium wieder zu vereinigen, verständlich. Für uns, die wir dies im Rückblick betrachten, scheint der Versuch verspätet und zum Scheitern verurteilt. Justinian erschien es damals jedoch nicht so. Wenn er um sich blickte, konnte er keine unabwendbaren gigantischen Umwälzungen, keine finstere Epoche erkennen. Im Gegenteil, er sah die römische Welt. Sie war zwar erschüttert, furchtbar erschüttert, aber nicht zerbrochen worden; es schien durchaus möglich, sie wiederherzustellen. Der abgetrennte Kaiserhof des Westens war zwar verschwunden. Die Barbaren hatten zwar vorübergehend ihre Herrschaft errichtet; aber diese Entwicklungen waren noch sehr neu. Justinian war nur drei Jahre jünger als Boethius, Cassiodorus und der hl. Benedikt, die alle drei in demselben Jahr geboren waren; und er fühlte sich genauso

41 Das typische Mönchskloster war ein autarkes landwirtschaftliches Gemeinwesen. Es widmete sich auch der Fischzucht, wie dieses „Vivarium“ zeigt.

als Römer wie sie. Seine Muttersprache war Latein und nicht Griechisch; sogar in der griechischen Stadt Konstantinopel liebte er es, das zu betonen. Sein großes Gesetzeswerk war hauptsächlich in Latein geschrieben. Nur der letzte, modernste Abschnitt darin, die „Novellae", durfte ausschließlich in Griechisch erscheinen.

Für Justinian zeichneten sich 527, als er die Alleinherrschaft in Byzanz antrat, Pflichten und Möglichkeiten klar ab. Es gab keinen westlichen Kaiser. Theoderich war soeben gestorben; der Thron im Westen war vakant. Was war natürlicher, als ihn durch eine Wiederherstellung des Imperiums des Theodosius an sich zu bringen. Deshalb wollte Justinian von der natürlichen Hauptstadt des Reiches, von Konstantinopel, aus, unterstützt von den Steuerzahlungen des Ostens, seine Hand nach den abgetrennten Provinzen ausstrecken. Vom treuen Ravenna aus, jener Hauptstadt der Kinder des Theodosius, jener Hauptstadt Odoakers und Theoderichs, wollte er den Anspruch auf den weltlichen und geistlichen Primat des Westens erheben. Um seine Forderungen nachdrücklich zu betonen, errichtete er dort eine Reihe trotziger, eindrucksvoller Kirchen, diese herrlichen Kirchen Ravennas, die sein Andenken bis heute bewahren. Dank seiner beiden großen Generäle Belisar und Narses konnte er die Herrschaft der Goten in Italien vernichten und Nordafrika und einen Teil Spaniens erobern. Rom hatte die Kontrolle über das Meer an die Vandalen verloren, und der endgültige Zusammenbruch des Weströmischen Reiches hatte sich angekündigt, als der Vandalenkönig Geiserich, von Karthago kommend, die Stadt Rom eingenommen hatte. Dieser Eroberungszug war ein vierter Punischer Krieg, die Rache für Hannibal, gewesen. Nun aber hatte sich die Situation umgekehrt. Die Vandalen und Goten waren besiegt, und das Mittelmeer sollte unter Justinian noch einmal eine „römische" See werden.

Jedoch nicht für lange. Im Jahrhundert nach Justinians Tod sollte ein neuer Schicksalsschlag erfolgen, der sich dieses Mal nicht gegen die wenig bedeutsamen Provinzen des Westens richtete. Er sollte auch nicht durch bereits romanisierte oder halbromanisierte Barbaren erfolgen, sondern aus dem Osten kommen und das Herz des Römischen Reiches im Osten, Afrika, und etwas später das Mittelmeer treffen. Wir haben gesehen, daß die Westprovinzen Roms vom Osten gehalten, verteidigt, verloren und wiedergewonnen wurden; das Fundament des Reiches im Osten war jedoch unversehrt geblieben. Rom und Persien mochten einander aus dem Feld schlagen – sie taten das 400 Jahre hindurch –, jedoch gelang es keinem von beiden, den anderen jemals zu vernichten; ihre gemeinsamen Grenzen verschoben sich nur unwesentlich, je nach dem wechselnden Kriegsglück. Aber es sollte der Tag kommen, an dem eine neue Macht im Osten aufstieg und die 400 Jahre alte Dynastie und die tausendjährige Staatsreligion Persiens für immer vernichtete. Rom aber sollte aus dem Untergang seines alten Rivalen kein Vorteil erwachsen. Antiochia und Alexandria, die größten griechischen Städte des Ostens, und mit ihnen die reichsten Provinzen des Imperiums gingen für Byzanz und die Christenheit verloren. Byzanz selbst wurde beinahe erobert. Mit diesen Verlusten sollte die alte Wirtschaftsgrundlage des vereinigten Römischen Reiches schwinden: das Reich sollte zu einer gefährdeten Gesellschaft an den Küsten der Ägäis und des Schwarzen Meeres zusammenschrumpfen, die für das westliche Europa bedeutungslos war. Das westliche Europa jedoch, das vom Imperium nur die konstantinische Staatsreligion und das zufällige religiöse Primat des Bischofes von Rom geerbt hatte, sollte, sich selbst überlassen, nach bestem Wissen seinen eigenen Weg aus der Finsternis suchen.

III Das frühe Mittelalter

Vor mehr als 25 Jahren wurde das letzte Werk eines der größten europäischen Historiker, Henri Pirennes, posthum veröffentlicht. Es war ein Buch über den Umwälzungsprozeß in Europa zwischen dem Fall des Weströmischen Reiches und dem Aufkommen des Feudalismus. Pirenne entwickelte über diesen Gegenstand mit großer Sachkenntnis eine Lehrmeinung von wunderbarer Einfachheit, die seither von den Historikern rege diskutiert wurde. Das Werk trug den Titel „Mahomet und Karl der Große."

Pirennes These kann kurz zusammengefaßt werden. Zuerst warf er die Frage auf, wann sich der Zusammenbruch wirklich ereignet hatte. Das gemeinhin übliche Datum war 476 n. Chr., das Jahr, in dem der letzte westliche Kaiser Romulus Augustulus von dem Barbaren Odoaker entthront wurde. Allerdings, gab Pirenne zu bedenken, war dies nur ein politisches Ereignis, nur das Ende eines politischen Systems; es berührte die Gesellschaftsstruktur des späteren Römischen Reiches nicht, das noch weitere 200 Jahre und mehr, zwar im Auflösungsprozeß, aber im wesentlichen unverändert, fortbestand. Betrachten wir die Barbarenkönige des 6. und 7. Jahrhunderts – die Westgoten in Spanien, die Ostgoten in Italien, die Franken und die Germanen. Sie gebrauchten römische Einrichtungen und römische Titel. Wenn sie auch das untergehende Weströmische Reich gestürzt hatten, so war es doch keineswegs in ihrer Absicht gelegen, ein Barbarenreich an seiner Stelle zu errichten, denn sie betrachteten sich immer noch als Untertanen des wahren Kaisers, dessen Vorrechte sie – von ferne – respektierten. Sie beharrten jedoch darauf, daß sich dieser Kaiser in Konstantinopel befand. Dort lag der eigentliche Sitz der Macht; man brauchte im ländlichen Westen keinen zweiten Kaiser. Das war nun keineswegs eine revolutionierende Auffassung, sondern nur die endgültige Konsequenz einer lang verborgen gewesenen gesellschaftlichen Tatsache; einer Tatsache, die Justinian im 6. Jahrhundert auch in der Politik auszudrücken versucht hatte. Wann ereignete sich dann der eigentliche Zusammenbruch? Pirenne behauptete, er hätte sich viel später ereignet, mehr als 100 Jahre nach Justinians Tod, im 8. Jahrhundert; und er versuchte seinen Standpunkt zu illustrieren, indem er auf die charakteristischen Wirtschaftsveränderungen hinwies. Im besonderen studierte er die Luxusgüter, die im Römischen Reich im Umlauf gewesen waren: Gold, Silber, Papyrus und Gewürze. Gold war im römischen Europa abgebaut und im Austausch für asiatische Luxusgüter, speziell für chinesische Seide und indonesische Gewürze, nach dem Osten ausgeführt worden. Papyrus kam aus Ägypten. Diese exotischen Waren wurden von syrischen Händlern nach Europa gebracht. Sowohl die Syrer als auch die Handelsverbindungen gab es weiterhin, selbst nachdem die barbarischen Königreiche an die Stelle des Weströmischen Reiches getreten waren. Noch nach 576 traten Syrer an den Küsten Belgiens, Frankreichs und Spaniens in Erscheinung. Die Syrer waren aber nicht nur Händler. Es gab sogar syrische Päpste. An den Höfen der Barbaren wurde Gold und Seide gebraucht; Gewürze und Papyrus fanden Eingang in den Klöstern des nördlichen Europa. Jedoch um 700 n. Chr. endete diese Art des Handels. Gold verschwand aus der Währung des barbarischen Europa ebenso wie die Luxusgüter des Ostens und die syrischen Kaufleute. Eine neue europäische Gesellschaft bildete sich; eine Gesellschaft, die auf einer landwirtschaftlichen Autarkie basierte, die später in den Formen des Feudalismus ihren Ausdruck finden sollte.

Pirenne war der Meinung, daß Mohammed die Ursache für diese Zäsur im 8. Jahrhundert war. Als der Prophet 632 starb, hatte er bereits ganz Arabien gewonnen, und seine Nachfolger gingen unmittelbar danach daran, den Rest des Ostens zu erobern. Diese muselmanische Eroberung, der zuerst Syrien und Ägypten, dann Nordafrika und Spanien unterlagen, schnitt Europa von den Mittelmeerländern ab und riß damit endgültig den Lebensfaden entzwei, der sogar nach dem Fall des Weströmischen Reiches die romanisierte Gesellschaft Europas mit dem lebensspendenden Osten verbunden hatte. Nun war Europa sich selbst überlassen, und die Gesellschaft mußte systematisch auf ein neues Fundament gestellt werden. Karl der Große war der Mann, dem diese Neuorganisation gelang; auch er reformierte wie einst Konstantin das Münzwesen und schuf eine neue Währung. Seit damals besaß Europa – außer Byzanz und einigen wenigen Staaten, die mit der arabischen

42 Karl der Große ersetzte die kaiserlichen Goldmünzen durch eine neue Währung. Dieser Silberpfennig (denarius) wurde in seinem letzten Regierungsjahr geprägt.

Welt in direkter Verbindung standen – nahezu 500 Jahre lang keine regulären Goldmünzen mehr. Die alten, klassischen Münzbezeichnungen wurden von den siegreichen Muselmanen übernommen – Drachme und Denar wurden zu „Dirhem" und „Dinar"; und als Offa, der König von Mercien, aus seinem bißchen walisischen Gold im 8. Jahrhundert einige Goldmünzen schlug, ließ er darauf arabische Inschriften prägen. Das war die einzige Möglichkeit, ihnen ein echtes Aussehen zu geben. In dieser und manch anderer Beziehung brach Karl der Große mit der Vergangenheit, und dieser Bruch wurde durch Mohammed wesentlich verstärkt. Der muselmanische Eroberungszug, schreibt Pirenne, war „das Ende der klassischen Überlieferung, der Beginn des Mittelalters ... der ohne Mohammed, ohne Karl den Großen unvorstellbar gewesen wäre."

Seit 1937 hat Pirennes berühmte These zahlreiche Erwiderungen hervorgerufen; es hat Ablehnungen, Änderungen und Fragen gegeben. Heute stimmen wenige Historiker mit seiner Formulierung überein. Das Problem, das er darlegte, bleibt jedoch bestehen und ebenso die

44, 45 Bildnis des Königs Offa von Mercien auf einer Silbermünze. Sein Golddenar *(rechts)* trägt eine arabische Inschrift.

zentralen Fakten, die er erkannte. Im 8. Jahrhundert hatte die Alte Welt zu bestehen aufgehört; eine neue Welt entstand, und unter den Ursachen dieses Wandels hat auch die muselmanische Invasion ihren Platz. Doch wir sollten uns in Erinnerung rufen, daß die muselmanischen Einfälle wohl die dramatischesten und häufigsten, nicht aber die einzigen kriegerischen Ereignisse dieser Jahre waren. Es gab noch andere Kriegszüge, von denen einige mit den muselmanischen Eroberungszügen gar nichts zu tun hatten, andere wiederum mit ihnen verbunden waren. Ich spreche von den Einfällen der Nomaden; denn die Epoche zwischen dem 5. und 8. Jahrhundert, zwischen dem politischen und dem gesellschaftlichen Ende des römischen Imperiums, war erfüllt von Einfällen der Nomaden. Es gab Landnomaden und Seenomaden, die in plötzlichen Aktionen und infolge ihrer überlegenen Beweglichkeit die seßhafte Bevölkerung der zivilisierten Welt überwältigten. Ehe wir zu den muselmanischen Eroberungskriegen übergehen, wollen wir einige dieser Nomadenstämme, beginnend mit den eurasischen Landnomaden, die die älteste Bedrohung darstellten, betrachten.

Jahrhundertelang mußten sich die seßhaften Kulturen der gemäßigten Zone – des Mittelmeerraumes, des Nahen Ostens, Indiens und Chinas – gegen die Nomaden der weiten Steppengebiete, die sich von Sibirien bis in den Norden Europas erstreckten, verteidigen. Es handelte sich dabei um berittene Hirten, die, obwohl relativ gering an Zahl, äußerst mutig und beweglich waren; von Zeit zu Zeit formten sie sich zu

43 Die Wirkung Karls des Großen auf die Phantasie späterer Jahrhunderte zeigt dieser stilisierte Reliquiar, der um 1350 angefertigt wurde und dazu bestimmt war, Teile seines Schädels aufzubewahren.

46 Ein Vandale, ein reicher Grundbesitzer, verläßt seine nordafrikanische Villa (Mosaik aus Karthago, um 500 n. Chr.).

größeren Verbänden und bedrohten entweder direkt oder indirekt – das heißt, entweder durch eigene Aktionen oder durch das Vorsichhertreiben anderer Völker – die seßhaften Staatsgebilde der reicheren Länder. Eine solche Wirkung hatten im 4. und 5. Jahrhundert n. Chr. die verschiedenen Züge der Hunnen, die in Indien eindrangen und das untergehende Römische Reich terrorisierten; ähnlich verhielten sich später die Mongolen, die im 13. Jahrhundert China und Persien eroberten und Europa bis weit nach Polen und Ungarn hinein durchzogen. Eine derartige heftige Bewegung in den Steppengebieten brachte im 4. Jahrhundert die Vandalen nach Europa; sie drangen in Spanien ein, hinterließen ihren Namen in „Andalusien" und unterwarfen im folgenden Jahrhundert Nordafrika, Karthago und von Karthago aus sogar Rom. Im 6. Jahrhundert brachte eine ähnliche Bewegung einen anderen Stamm von Eindringlingen nach Europa, die Awaren. Von ihrer Ausgangsbasis Ungarn aus trieben sie nacheinander andere Invasoren nach Italien und auf den Balkan. Unter dem Anprall dieser Überfälle zerbröckelte das gesamte Werk Justinians. Schließlich gab der Einfall der Langobarden in Italien dem römischen System den Todesstoß. Die Slawen trieben Griechen und Illyrer in die äußersten Winkel

47 Mit diesen kleinen Beinen hätte sich der berittene Barbar (etwa 700) zu Fuß nicht verteidigen können.

der Balkanhalbinsel, und die Awaren erschienen wiederholt vor den Mauern Konstantinopels.

Die Awaren waren, ebenso wie die Vandalen und wie alle Steppennomaden, ein Reitervolk. Ihre Pferde, oder genauer gesagt, ihre leichten, flinken Ponys, ermöglichten diesen Nomaden ihre erschreckende Mobilität; sie kämpften vom Rücken der Pferde aus mit Pfeil und Bogen, unangreifbar, unentrinnbar und unerreichbar. Ihnen gegenüber fühlten sich die Römer hilflos: der hl. Hieronymus, der in Bethlehem weilte, als sie über den Nahen Osten hereinbrachen, beklagte die Unfähigkeit der römischen Heere Menschen gegenüber, „die nicht auf ihren Füßen gehen können und die sich, einmal vom Pferd geworfen, für tot halten". Nur die Perser, die ihnen stets am unmittelbarsten ausgesetzt gewesen waren, hatten schon vor der Gründung des Römischen Reiches eine wirkungsvolle Art der Verteidigung erlernt; zum Teil ahmten sie die Taktiken der Reitervölker nach, zum Teil vervollkommneten sie diese. Sie hatten gelernt, kräftige Pferde zu züchten, die bewaffnete Männer tragen konnten und die selbst gepanzert waren. Diese starken persischen Pferde konnten nicht beliebig gezüchtet werden, denn sie brauchten eine besondere Art von Futter und waren in der Haltung teuer. Aber

48, 49, 50 Zur Kriegführung verwendete Tiere. *Links:* Ein gepanzertes byzantinisches Pferd mit „Kataphrakt"; chinesische Plastik aus der Wei-Dynastie. Starke Pferde, die großes Gewicht tragen konnten, waren von den Persern bereits vor der Gründung des Römischen Reiches gezüchtet worden. Sie wurden auf Jagden und in Schlachten verwendet. *Rechts:* Sassanidische Silberschale Chosroes' II. *Unten rechts:* Einhöckerige arabische Kamele. Die Einführung des Kamels im 3. Jahrhundert veränderte das gesamte Verteidigungskonzept des römischen und byzantinischen Afrika.

die Perser hatten den Weg gewiesen und waren ihn weitergegangen. Das wiedererstandene Perserreich, das 400 Jahre hindurch, von 250 bis 650 n. Chr., gegen Rom und Byzanz focht, war eine Reiteraristokratie geworden. Die persischen Bauern und Städter bezahlten große Summen für ihre Verteidigung durch schwerbewaffnete adelige Reiter. Andere Kulturen, die ebenfalls dem Angriff der Nomaden ausgesetzt waren, blickten voll Neid auf Persien. Der „kriegerische Kaiser" von China, Han Wu-Ti, der an der Nordgrenze seines Reiches während der 54 Jahre seiner Regierungszeit (140–87 v. Chr.) einen mutigen Kampf gegen die Hunnen führte, war voll Bewunderung und Neid vor den „blutschwitzenden Pferden des Iran" – obwohl er meinte, ihre Zucht wäre zu teuer. Später beneideten auch die byzantinischen Kaiser die Perser, ahmten deren Zucht aber nach. Die Byzantiner nannten diese Pferde, oder vielmehr deren Reiter, „Kataphrakten".

Die wendigen Steppenponys der Nomaden, die persischen „großen Pferde" und die byzantinischen Kataphrakten waren Neuheiten, die die Kriegführung im 6. und 7. Jahrhundert veränderten. Aber es gab noch eine andere, nicht weniger wichtige Veränderung. Während

die Zivilisation von den berittenen Nomaden an ihrer Nordflanke bedroht wurde, war sie nun an ihrer Südflanke von einem anderen Nomadentypus, den Kamelnomaden, gefährdet.

Das Dromedar, das einhöckerige Kamel, war verhältnismäßig spät nach Afrika gekommen. Die alten Ägypter hatten es nicht gekannt, erst mit der persischen Eroberung war es nach Ägypten gelangt. Selbst dann dauerte es noch geraume Zeit, bis es sich verbreitet hatte. Den Karthagern war es nicht bekannt gewesen, erst mit den römischen Eroberungszügen wurde es viel später, anscheinend von Septimius Severus, nach Nordwestafrika gebracht; es dauerte mehr als ein Jahrhundert, bis es sich eingewöhnt hatte. Diese bewußte Einführung des Kamels in Nordafrika war eine Tat von enormer Wichtigkeit. Bis dahin war Nordafrika, das römische Afrika, nach dem Süden hin von Steppe und Wüste begrenzt gewesen. Die Einführung des Kamels, meinte der französische Historiker E. F. Gautier, hob diese Grenze auf, sie stellte „eine wirtschaftliche Revolution" dar, „die man – ohne Übertreibung – mit der Einführung der Eisenbahn, des Autos und des Flugzeuges vergleichen" könnte.

Aber obwohl die Einführung des Kamels neue Vorteile brachte, so bedingte sie auch neue, unerwartete Gefahren. Bis zu diesem Zeitpunkt hatten die Römer Afrika gegen den Süden hin kaum verteidigen müssen. Entlang der gesamten Küste hatten sie eine prosperierende Zivilisation errichtet, die man noch aus den Überresten der herrlichen römischen Städte Volubilis, Lepcis Magna und Timgad erkennen kann. Das römische Afrika war so wohlhabend und so dicht bevölkert, daß, einem arabischen Historiker zufolge, „das ganze Land von Tripolis bis Tanger nichts als ein einziger schattiger Hain, eine endlose Kette von Dörfern war". Dieser Wohlstand hatte jedoch seinen Preis; die wirtschaftliche Prosperität kam nur den Großgrundbesitzern zugute, deren ausgebeutete und versklavte Bauern in Häresien und manchmal sogar in Aufständen Zuflucht suchten. Solange die äußeren Grenzen jedoch gesichert waren, konnte der Frieden im Inneren erhalten werden. Eine äußere Grenze war bereits im 5. Jahrhundert gefallen, als Rom die Herrschaft über das Meer verloren hatte. Daher kam es zum Einfall der Vandalen in Afrika, der das Gesellschaftssystem erschütterte, bis Justinian durch die Wiederherstellung der Seeherrschaft die Macht Roms erneuerte. Aber dann fiel die andere Grenze. Als die Verwendungsmöglichkeiten des Kamels voll erkannt worden waren, und zwar nicht nur von den Provinzbewohnern, sondern auch von den Wüstennomaden, änderte sich das gesamte Verteidigungskonzept. Die Wüste wurde wie die nördlichen Steppen aus einer völligen Einöde zu einer Quelle plötzlicher, heftiger und schnell ausgeführter Angriffe. Ein Jahrhundert vor dem Auftreten der Araber hatten die Wüstennomaden die dürftig erneuerte Einheit und Prosperität des römischen Afrika bereits zerstört. Es sollten 1300 Jahre vergehen, ehe diese Einheit und Prosperität wiederhergestellt werden konnte, und die Franzosen mußten dazu nicht nur den Küstenstreifen, sondern auch die Wüste besetzen.

Somit waren dem Süden wie dem Norden neue Feinde erwachsen. Im 6. Jahrhundert setzen Rom und Persien, Justinian und Chosroes ihren Streit, den man im Rückblick als einen Bürgerkrieg innerhalb des zivilisierten Kulturkreises bezeichnen kann, fort, während die Barbaren schon vor den Toren Asiens standen. Und im 7. Jahrhundert wirkte die plötzliche Umwälzung in Arabien als ein Katalysator, der alle Feinde der zivilisierten Welt mit überwältigender Kraft zusammenführte. Die Botschaft des Propheten gab diesen verstreut lebenden Nomadenstämmen neue Energie oder einen neuen Zusammenhalt und ließ sie alle plötzlich und gleichzeitig gegen die beiden stolzen Imperien antreten, die noch in den traditionellen Stellungen ihres altgewohnten Krieges lagen.

Das vielleicht dramatischeste Ereignis in der wundersamen Reihe der muselmanischen Eroberungszüge war der Zusammenbruch Persiens. Niemals schien die persische Monarchie so gefestigt zu sein wie im frühen 7. Jahrhundert. Im Zuge ihrer Kriege mit Byzanz erreichten die persischen Heere im Jahre 612 Antiochia; 614 nahmen sie Jerusalem und eroberten das Kreuz Christi; 618 standen sie in Alexandria. Es schien, als wiederholten sich die Eroberungszüge eines Kyros und eines Kambyses. Dann jedoch wendete sich das Blatt. Der byzantinische

51 Kaiser Heraklios hält das Kreuz Christi in der Hand, das er 629 von den Persern zurückeroberte – um es innerhalb weniger Jahre wieder an die Araber zu verlieren.

52 Sturm der Perser auf Konstantinopel. Im selben Jahr (626) überstand die Kaiserstadt auch einen Angriff der Awaren.

Kaiser Heraklios stellte in Kleinasien ein Heer auf, gewann in einem glänzenden Feldzug alles, einschließlich des Kreuzes, zurück und nahm für sich den Titel Basileus, Großkönig, in Anspruch, den bislang einzig der persische König geführt hatte. Anstelle der Eroberungen eines Kyros und eines Kambyses schien es nun, als ob sich die Eroberungen Alexanders wiederholten. Das war 630. Wer hätte damals vermutet, daß diese beiden großen Reiche innerhalb von 10 Jahren vernichtet sein würden, daß das Byzantinische Reich völlig besiegt, Syrien und Ägypten für immer verloren, Jerusalem und das Kreuz Christi in die Hände der Ungläubigen gefallen sein würden, und daß das Persische Reich, ein Staat, der mit seinen starken Pferden und seiner bewaffneten Kavallerie anscheinend die erfolgreichste Art der Verteidigung gegen die eindringenden Nomaden entdeckt hatte, sich von einem Tag zum anderen auflösen würde? Es geschah dennoch, weil im Nahen Osten eine neue gesellschaftliche Kraft entstanden war, die die völkerverbindende Macht eines Attila oder Dschingis-Khan mit der berauschenden Stärke eines neuen Glaubens, des Islam, verband.

Trotzdem können wir die Frage stellen, warum sowohl Persien als auch Byzanz diesem Angriff nur so kurze Zeit trotzen konnten? Welche innere Schwäche verursachte diesen plötzlichen Niedergang zweier derart alter, berühmter und historischer Reiche? Bei der Beantwortung

53 Die Kämpfe, die durch den Arianismus ausgelöst wurden. Diese Miniaturen aus dem 9. Jahrhundert zeigen *(oben)* eine Gruppe orthodoxer Christen, die ihr Heil in der Flucht auf einem Boot suchen. *Unten:* Arianer stecken eine orthodoxe Kirche in Brand.

dieser Frage haben wir zwei Tatsachen zu berücksichtigen: nämlich die Häresie und die hohen Kosten der „großen Pferde".

Die Rolle der Häresie in der Geschichte ist faszinierend und komplex. Vielfach glaubt man, Häresien seien ausschließlich intellektuelle Bewegungen. Oft sind sie intellektuell, und immer werden sie von Intellektuellen geschaffen. In ihrer machtvollsten Gestalt sind sie jedoch nationale, allgemein soziale Bewegungen, manchmal beides zugleich. Wenn ein Volk besiegt und von den Eroberern offensichtlich aufgesogen wird, behält es oftmals durch Festhalten des religiösen Gegensatzes seine Eigenart bei. Die Barbaren, die von Rom absorbiert wurden, übernahmen ausnahmslos den häretischen Arianismus und nicht die orthodoxe Form des Christentums nach Athanasius. Als die Perser von den Arabern besiegt worden waren, wurden sie häretische Schiiten und nicht rechtgläubige Sunniten. Die türkischen Chazaren im Randgebiet Persiens und die türkischen Uiguren im Randgebiet Chinas betonten ihre Unabhängigkeit durch die Übernahme der jüdischen beziehungsweise der manichäischen Religion. In solchen Fällen ist die Häresie ein Kennzeichen für nationale Verschiedenheiten. Sie deutet aber auch eine soziale Verschiedenheit an, die von nationalen Differenzen manchmal nur verschärft wird. Fast alle Häresien im Mittelalter waren von Gruppen getragen, die gegen eine Gesellschaft protestierten, in der sie sich benachteiligt fühlten. Daher waren in der Frühzeit der Kirche nationale Spannungen im Nahen Osten und in Afrika durchwegs als Häresien verkleidet. Syrer, Ägypter und Berber hatten die heidnische Religion, die von den römischen Kaisern und den privilegierten Schichten in den griechisch-römischen Städten eingesetzt worden war, nicht übernommen. Später akzeptierten sie auch das Christentum nicht, das ihnen von denselben Autoritäten aufgezwungen wurde. In Afrika unterstützten die Berber im 4. und 5. Jahrhundert die strenggläubige, separatistische „Donatisten"-Bewegung. Der hl. Augustinus wetterte gegen sie, und schließlich löste sie sich auf. Die Unzufriedenheit bestand jedoch weiter, und die Vandalen waren ihre Nutznießer. Im Osten gab es eine ähnliche Opposition. Syrer und Ägypter erkühnten sich, die Religion Konstantinopels als eine bloße Staatsreligion zu bezeichnen. Justinian verfolgte diese unverschämten Häretiker. Daher wurden die eindringenden Araber in diesen äußeren Reichsgebieten von den Häretikern als Befreier von einer intoleranten Kirche und von den Orientalen als Befreier von der griechischen Fremdherrschaft begrüßt.

Dasselbe geschah in Persien. Dort war der Glaube des Zarathustra die etablierte Religion des Staates und seiner Reiteraristokratie. Aber dieser Staat und diese Aristokratie waren teuer in der Erhaltung, und die persischen Städter und Bauern wurden ausgepreßt, um die Kavallerie bezahlen zu können, die die Nomaden im Norden in Schach hielt. Auch sie wandten sich Häresien der Zarathustra-Religion zu, deren es viele gab. Das Ergebnis glich jenem im byzantinischen Reich. In der Stunde der nationalen Krise unterstützten die Häretiker die Staatsreligion nicht, und als der tödliche Schlag erfolgte, unterlag die mächtige Reiterei des Iran infolge mangelnder Unterstützung im Hinterland. Die gesellschaftliche Isolation ihrer Klasse zeigte sich in der vollständigen Auflösung ihrer Religion. Die persische Religion, das alte nationale Bekenntnis zu Zarathustra, der Glaube eines Darius und Xerxes, den die Sassanidenkönige wiederbelebt hatten, war zur Konfession einer Gegesellschaftsschichte geworden. Als diese Schichte geschlagen wurde, verschwand mit ihr auch die Religion; da sie in der Bevölkerung nicht verwurzelt war, verdorrte sie. Genau dasselbe geschah 800 Jahre später, als die feudale Kavallerie Ungarns von den Türken geschlagen wurde und die lange ausgebeuteten, „häretischen" griechischen Bauern die muselmanischen Sieger über ihre katholischen, venezianischen oder genuesischen Herren willkommen hießen.

So scheiterten die starken Pferde der Perser und die byzantinischen Kataphrakten vor dem arabischen Angriff, und die Araber, die ihren gewaltigen Gebietsgewinn bald verdaut hatten, drängten nach weiterer Expansion. Konstantinopel konnten sie nicht einnehmen; sie wurden durch eine Neuentdeckung, das „griechische Feuer" – eine gelegen kommende syrische Erfindung von aus Kupferröhren herausschießenden Stichflammen – zurückgeworfen. Aber dieses Hindernis lenkte ihre Kraft nur ab, es zerbrach sie nicht. Sie wandten sich vom Norden nach dem Süden, mobilisierten die Nomaden der afrikanischen Wüste und rollten die geschwächten byzantinischen Stellungen entlang der Berberküste auf. 711 überquerten sie die Meerenge von Gibraltar und vernichteten das westgotische Königreich in Spanien. Sechs Jahre später überquerten sie am anderen Ende des Mittelmeeres den Hellespont und erschienen wieder vor Konstantinopel; sie belagerten es zu Lande und zu Wasser. Das Mittelmeer gehörte ihnen.

Der Beginn des 8. Jahrhunderts – die Jahre, als den Einbrüchen der Awaren und Langobarden die Eroberungszüge der Araber folgten – war entschieden die finsterste Epoche Europas. Außerhalb des ver-

54 Das „griechische Feuer“, das in dieser Illumination vom Ende des 13. Jahrhunderts dargestellt ist, war die Geheimwaffe der Byzantinischen Flotte in den Kämpfen mit den Arabern nach 675.

stümmelten Byzantinischen Reiches war die europäische Zivilisation damals auf ihre kleinste Zelle zusammengeschmolzen. Auf jene Zelle, die der hl. Benedikt in den Tagen des Gotenkönigs Theoderich geschaffen hatte: die Mönchszelle mit ihrer autarken Wirtschaft, die fähig war, auf den ödesten Plätzen und in den schlimmsten Zeiten wie ein Same in winterlicher Öde zu überleben. Denn die wesentliche Eigenart des benediktinischen Mönchstums bestand darin, daß jede Zelle unabhängig war; wenn eine unterging, überlebten die anderen. Wenn alle bis auf eine vernichtet wurden, konnte das System doch von der einen überlebenden neu geschaffen werden. Und in diesen schrecklichen Jahren wurden wirklich alle berühmten frühen Klöster zerstört, angefangen vom eigenen Kloster des hl. Benedikt, Monte Cassino, dessen Zerstörung 581 durch die Lombarden erfolgte. Das vom hl. Columban, dem irischen Missionar, in Burgund gegründete Kloster von Luxeuil wurde später von den Sarazenen vernichtet. Niemand konnte vorhersagen, welcher Platz der sicherste sei, wo der Samen geschützt sein würde. Um das Jahr 700 war die europäische Gelehrtenwelt in die irischen Moore und an die wilde Küste Northumberlands geflohen. In den Klöstern Irlands bewahrten die geflohenen Gelehrten die Kenntnisse der lateinischen und sogar der griechischen Klassiker auf. In einem Kloster in Northumberland lebte und schrieb der größte Ge-

55 Der hl. Benedikt von Nursia, der Gründer des Klosters Monte Cassino (Fresko aus dem späten 9. Jahrhundert).

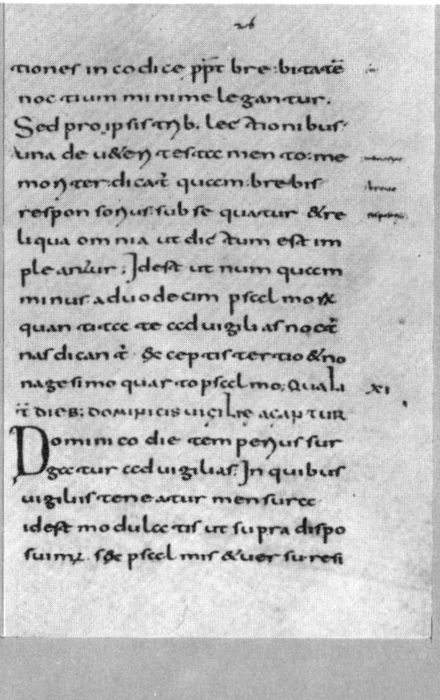

tiones in codice ppt breuitate
noctium minime legantur.
Sed pro ipsis trib. lectionibus
una de uet testamento me
moriter dicat quem breuis
responsorius subsequatur et re
liqua omnia ut dictum est im
pleantur; Idest ut numquam
minus a duodecim psalmorum
quantitate ad uigilias noct
nas dicant excepto tertio et no
nagesimo quarto psalmo; Quali xi
t diebus dominicis uigiliae agantur
Dominico die temperius sur
gatur ad uigilias. In quibus
uigiliis teneatur mensura
idest modulatis ut supra dispo
suimus. sex psalmis et uersu resi

56 Blatt aus einem karolingischen Codex, die älteste überlieferte Kopie der Ordensregel des hl. Benedikt

lehrte seiner Zeit und bedeutendste Historiker des Mittelalters, Beda Venerabilis. Und von den Klöstern Irlands und Englands kehrten im 8. und 9. Jahrhundert angelsächsische und irische Flüchtlinge in ein verwüstetes Europa zurück: Männer wie der hl. Bonifatius, ein Angelsachse, der die Germanen christianisierte, Alkuin von York, der Lehrer Karls des Großen, oder der Ire Johannes Erigena, der am Hof Karls des Kahlen lehrte. Einige dieser Flüchtlinge waren vor dem Herannahen eines anderen Nomadenvolkes aus England geflohen, das nun über die hilflosen Überreste des Weströmischen Reiches hereinbrach: der Wikinger, die seit dem Ende des 8. Jahrhunderts die Klöster an den Küsten oder an den Flüssen, die für ihre langen Boote schiffbar waren, brandschatzten. Zu den ersten Opfern dieser Plünderungen gehörten die Juwele der keltischen und der northumbrischen Kirche: Iona, die Abtei des hl. Columban, das Zentrum der keltischen Kirche in Schottland; ihr Tochterkloster Lindisfarne auf Holy Island, der kleinen Insel vor der Küste Northumberlands, der erste Stützpunkt der keltischen Kirche in England, und Jarrox, das Kloster des Beda Venerabilis.

Was taten die Wikinger? Welche plötzliche Triebkraft bewog diese nordischen Piraten, auf den Meeren und Flüssen Europas umherzustreifen und überall Verheerung anzurichten? Gemeinhin wird angenommen, daß ein plötzliches, unerklärliches Bevölkerungswachstum

57 Auf dieser kleinen Insel des Lough Erne befand sich im 6. Jahrhundert ein keltisches Kloster; es war eine der abgelegensten Zufluchtsstätten vor den Barbaren.

in Skandinavien diese ungeheure Explosion verursachte. Zweifellos ist das richtig: eine derartige Expansion wäre bei gleichbleibender Bevölkerungsdichte nicht möglich gewesen. Die Reichweite und die Richtung dieser Raubzüge weisen aber auch auf andere Motive hin. Sie lagen sowohl in den verlockenden Möglichkeiten auswärts als auch in den drückenden Verhältnissen daheim; und dieser verlockenden Möglichkeit wegen fielen die Raubzüge der Wikinger und die muselmanischen Eroberungszüge zusammen.

Denn die Eroberungen der Moslems beschränkten sich nicht auf die Provinzen des Persischen und des Byzantinischen Reiches, sie richteten sich auch gegen Zentralasien und Afrika; und dort eröffneten sich neue Quellen des Reichtums. In Chorasan, im Osten Persiens, und jenseits davon in Transoxianien, zwischen Kaschmir und dem Aralsee, wurden riesige Silberminen entdeckt. Danach überrannten die Araber Nubien mit seinen berühmten Goldminen. Sie plünderten auch die Pharaonengräber in Ägypten, Kirchen und Tempel der Byzantiner und Perser. Dank dieser märchenhaften Gold- und Silberquellen waren sie in der Lage, von den barbarischen Königreichen Europas alles zu kaufen, was sie wollten; die barbarischen Königreiche konnten ihnen natürlich keine Luxusgüter oder Fertigwaren bieten, auch während des Bestehens des Weströmischen Reiches hatten sie niemals derartiges produziert, sondern einfache Rohmaterialien: Pelze, Waffen, Bauholz und vor allem Menschen; Eunuchen und Sklaven.

Eine der Aufgaben der Wikinger bestand darin, diese Güter zu beschaffen. Halb als Händler, halb als Piraten, zogen sie durch ganz Nordeuropa, sammelten Pelze und fingen Menschen. Am liebsten handelten sie mit heidnischen Slawen, da die christlichen Staaten weniger Skrupel hatten, im Sklavenhandel mit Heiden mitzuwirken – sie konnten schließlich stets den nützlichen Levitikus XXV, 44, zitieren. So versorgten die Wikinger Byzanz und die reiche junge Kultur des Islam mit den Gütern, die sie forderten und für die sie bezahlen konnten. In Ausübung dieser Tätigkeit suchten sie die Küsten Europas heim und fuhren die Flüsse hinauf. Sie errichteten Fürstentümer in Rußland, England und Frankreich; sie stellten die Warägergarde der byzantinischen Kaiser; sie dienten dem Khan der jüdischen Chazaren am Unterlauf der Wolga als besoldete Krieger, und ihr berüchtigter Handel, der durch Westeuropa oder direkt über die Wolga und die Kaspische See erfolgte, bescherte ihnen einen Reichtum, der etwas Licht in die Finsternis des Mittelalters bringen sollte. Durch ihren

58, 59 Wikingerfunde. Geschnitzter Kopf und Schiffsbug, beide von demselben Oseberggrab (9. Jahrhundert) Norwegen.

Handelsverkehr kam das aurum arabicum, das arabische Gold – aurum infelix, das unheilbringende Gold, wie humane Menschen es nannten, da es der Preis für die Humanität war –, an den Hof Karls des Großen; und es war dasselbe arabische (oder byzantinische) Gold, aus dem die Wikingerfürsten der großen Sklavenstadt Kiew im 10. Jahrhundert ihre ersten Goldmünzen schlugen.

Waren die Wikinger die Wegbereiter, so waren die Fürsten Europas oder zumindest einige von ihnen die Mittelsmänner des neuen Sklavenhandels. Sie ließen ihn zu und verdienten an ihm, obwohl sie den unmittelbaren Handel den Juden überließen, die sich ohne Schwierigkeiten zwischen den beiden Gesellschaftssystemen bewegen konnten. Wir wissen genug über diesen Handel und seine Wege – die Wolga abwärts nach Persien, die Donau entlang nach Konstantinopel, die Rhone abwärts über Narbonne in das muselmanische Spanien. Liutprand von Cremona, der Botschafter des Westens, der im 10. Jahrhundert die Farbenpracht des Hofes zu Byzanz mit großen Augen bestaunte, berichtet uns, daß die Kaufleute von Verdun wegen des ungeheuren Verdienstes an diesem Handel Knaben zu Eunuchen machten und sie über maurische Spanier an die Muselmanen verkauften: „Das Abscheulichste des abscheulichen Sklavenhandels", entsetzt sich Gibbon. In der Sprache des Christentums und auch in jener des Islam hinterließ dieser Handel seinen Ausdruck. Sclavi, „Slawen", hat in jeder europäischen Sprache das Wort für Sklaven geformt, und dasselbe Wort, Sakáliba, lieferte den arabischen Ausdruck für Eunuchen.

Diese Epoche war das finsterste Zeitalter Europas und das Goldene des Islam. Erinnert es uns nicht an eine andere Periode, in der die Situation ganz anders gelagert war? Im 16. Jahrhundert bescherten die ungeheuren Vorräte an Edelmetallen, die man im Fernen Westen entdeckt hatte, Europa ein Goldenes Zeitalter. Um die Maschinerie in Gang zu halten, auf der ihre hochentwickelte Kultur basierte, benötigten auch die Europäer Sklaven, und auch sie kauften diese, wo sie sie fanden. Indem sie die inneren Kämpfe in Schwarzafrika und die Habgier der Eingeborenenkönige ausnutzten, pferchten ihre Beauftragten ganze Schiffe mit menschlichem Vieh voll; dieser Handelsverkehr wurde mit dem Argument gerechtfertigt, daß die Neger Heiden seien – oder falls Christen, so doch die Kinder des Ham, denen es durch den Fluch ihres Vaters bestimmt war, in ewiger Knechtschaft zu leben (die zu zitierende Stelle war Genesis IX, 25). Die Sklavenfänger und Sklavenhändler, die die Zuckerraffinerien Brasiliens und die Plantagen Nordamerikas im 17. und 18. Jahrhundert versorgten, waren das christliche Gegenstück zu den Wikingern und Juden, die im 8., 9. und 10. Jahrhundert die muselmanischen Länder beliefert hatten. Sie machten die Neger zwar nicht zu Eunuchen, das ist richtig, aber manche Züchtigungsarten, die sie anwendeten, waren kaum menschlicher.

Und doch blühte Europa nach diesem finsteren Zeitalter wieder auf. Es blühte wieder auf, weil es eine neue Gesellschaftsform entdeckte und

60 Der hl. Adalbert von Prag, der durch die heidnischen Preußen 997 den Märtyrertod erlitt, unterhandelt mit dem polnischen Herzog Boleslaw I. über die Freilassung dreier Sklaven von einem jüdischen Händler.

entwickelte, die ihm ermöglichte zu überleben, Widerstand zu leisten und sich schließlich gegen seine Bedrücker und Ausbeuter zu erheben. Dieses System war der Feudalismus, und er wurde – wie es scheint – in den finstersten Jahren des frühen Mittelalters erdacht, in den Jahren, als Konstantinopel im Osten und Frankreich im Westen mit dem offensichtlich unaufhaltsamen Vormarsch der arabischen Eroberer konfrontiert wurden.

Im Winter 717/718 kam es zur zweiten und größten Belagerung Konstantinopels durch die Araber. Wieder einmal wurden sie zurückgeschlagen; aber sie sollten Jahr für Jahr wiederkommen. Im Laufe dieser Kämpfe und um sie zu überleben, reorganisierten die byzantinischen Kaiser die Grundlagen des Reiches. Hatten sie bereits das persische System der gepanzerten Reiter, die Kataphrakten, übernommen, so gingen sie nun einen Schritt weiter und führten das persische System der vereinigten Militär- und Zivilgewalt ein. Stufenweise, mit jeder neuen militärischen Bedrohung, wurde das Reich immer mehr zu einem Militärstaat, der vom erblichen Landadel getragen wurde – in anderen Worten, von einer Art Feudalsystem. Unterdessen führte im Westen derselbe Druck zu denselben Ergebnissen. 720, nur zwei Jahre

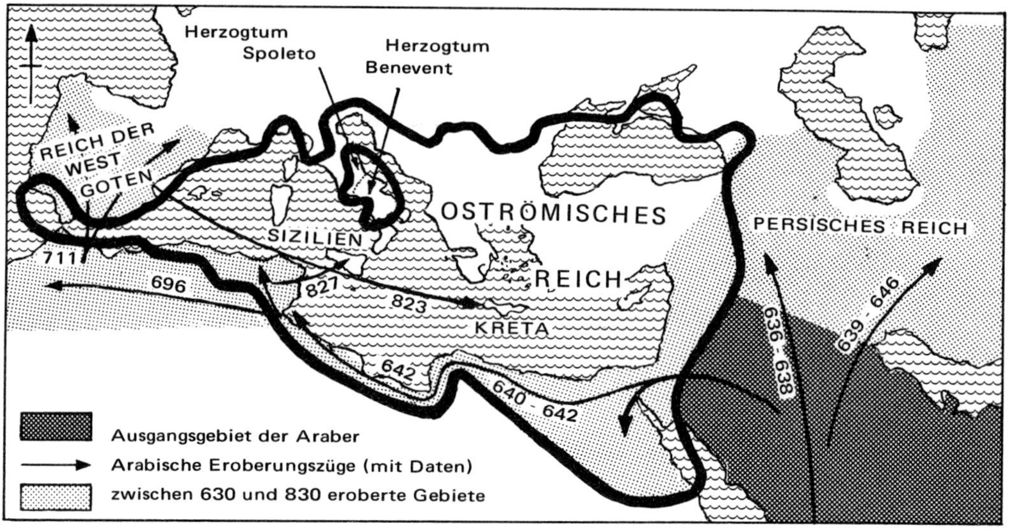

61 Eroberungen der Araber im 7., 8. und 9. Jahrhundert.

nach der großen Belagerung Konstantinopels, überquerten die Araber nach der Eroberung Spaniens die Pyrenäen. Sie nahmen Narbonne und plünderten die bedeutendsten Klöster Südfrankreichs. Dann setzten sie ihren Zug nach Norden bis nach Poitiers fort. Sie hatten, schreibt Gibbon, auf ihrem Siegesmarsch mehr als 1500 Kilometer von Gibraltar bis an die Ufer der Loire zurückgelegt.

„Die Verdoppelung dieser Entfernung hätte die Sarazenen an die Grenzen Polens oder bis in das schottische Hochland geführt; der Rhein war genauso passierbar wie Nil oder Euphrat, und die arabische Flotte wäre kampflos in die Themsemündung gesegelt. Vielleicht würde heute in den Schulen Oxfords die Auslegung des Korans gelehrt und die Geistlichkeit würde einem Volk von Beschnittenen die Heiligkeit und Wahrheit der Offenbarung Mohammeds predigen." „Vor solchem Unheil", schreibt Gibbon, „wurde das Christentum durch das Genie und das Glück eines einzigen Mannes bewahrt." Dieser Mann war natürlich Karl Martell, der „Hausmeier" und Regent des fränkischen Königtums, der die Araber in der Schlacht zwischen Tours und Poitiers besiegte. Dieser historische Augenblick war nicht weniger dramatisch, wenn auch vielleicht weniger bedeutsam als die Aufhebung der Belagerung Konstantinopels; Gibbon kommentierte: „Man mag erwartet haben, daß der Retter des Christentums heilig gesprochen wäre oder wenigstens den Dank des Klerus geerntet hätte, der sein gegenwärtiges Bestehen nur seinem Schwert verdankte. In der allgemeinen

Not war der Hausmeier jedoch gezwungen gewesen, die Güter oder zumindest die Einkünfte der Bischöfe und Äbte zur Entlastung des Staates und für die Besoldung der Krieger zu verwenden. Seine Verdienste waren vergessen, nur sein Frevel blieb in Erinnerung, und eine gallische Synode erkühnte sich in einem Brief an einen karolingischen Fürsten zu erklären, daß sein Vorfahre verdammt worden sei; bei der Öffnung des Grabes seien die Zuschauer von dem Feuergeruch und dem Anblick eines scheußlichen Drachen entsetzt worden, und einem Heiligen dieser Zeit sei die angenehme Vision vergönnt gewesen, die Seele und den Körper Karl Martells für alle Ewigkeit im Abgrund der Hölle brennen zu sehen.“

Moderne Historiker zweifeln einige Details in Gibbons Bericht an. Die Schlacht von Poitiers, behaupten sie, war von geringer Bedeutung, und die Araber wurden eher durch Nachschubschwierigkeiten als von Karl Martell besiegt. Ich habe diesen Bericht jedoch wiedergegeben, teils weil er so unterhaltsam ist und teils weil er die Aufmerksamkeit auf zwei wichtige Fakten lenkt. Karl Martell, dem Großvater Karls des Großen, gelang es, den muselmanischen Ansturm auf das Abendland aufzuhalten; er tat dies jedoch, und seine Nachfolger sollten ihn darin nachahmen, auf Kosten einer gewaltigen Säkularisation des Kirchenbesitzes. Diese beiden Tatsachen sind eng verbunden, nämlich durch eine dritte Tatsache, die Gibbon nicht erwähnt. Der Zweck dieser sofortigen Säkularisation, die Ursache des endgültigen Erfolges, bestand in einer neuen Einrichtung, die das Christentum aus einer unterlegenen und demoralisierten in eine siegreiche Macht verwandeln sollte. Karl Martell erkannte wie die Kaiser von Byzanz, daß es, wollte man diese schrecklichen, wendigen Eindringlinge aufhalten, keine Alternative zu dem persischen System gab. Man brauchte „große Pferde“, Kataphrakten, trotz der hohen Kosten. Um sie halten zu können, hatten die Perser Städter und Bauern unterdrückt; daraus hatte sich die Isolation der Reiteraristokratie und ihr Untergang ergeben. Die westeuropäischen Kataphrakten waren sicher nicht weniger kostspielig. Um den zu ihrer Erhaltung notwendigen wirtschaftlichen Mehrertrag aufzubringen, stattete Karl Martell seine neuen berittenen Krieger, seine Ritter, mit Land aus, das er von der Kirche konfisziert hatte. Wie zur Reformationszeit, wie im Zeitalter der Aufklärung – den allmählichen Stufen im späteren Fortschritt der Menschheit –, war die Gesundung Europas durch die heilsame Kürzung einer übermäßig ausgestatteten Kirche erfolgt.

Man kann sagen, daß Karl Martell, als er eine neue Klasse kostspielig gerüsteter Ritter mit ihren kostspieligen „großen Pferden“ schuf zum Gründer des europäischen Feudalismus wurde, dieses komplizierten Systems militärischen Landbesitzes und militärischer Verpflichtungen das dem europäischen Mittelalter seinen Stempel aufdrückte. Feudalismus bedeutete eine Verbindung von Landbesitz und Militärpflicht; diese Pflicht war der „Ritterdienst“. Der Grundbesitzer hatte seinen Dienst als Ritter zu versehen oder andere Ritter ins Feld zu schicken sowie Hintersassen zu mobilisieren. Den Mittelpunkt des Systems bildete der Ritter; um ihn herum rankte sich ein ganzes Gesellschaftssystem: eine Wirtschaftsordnung, ein Sittenkodex und Wertvorstellungen. Diese Zentralfigur nun, dieser Ritter, ohne den wir uns die mittelalterliche Gesellschaft kaum vorstellen oder ihren einheitlichen Charakter kaum würdigen könnten, war nichts anderes als eine Übernahme desselben persischen Reitervorbildes, das auch für die byzantinischen Kataphrakten wegweisend gewesen war. Der amerikanische Historiker William McNeill schreibt in seinem großartigen Buch „The Rise of the West“ richtig, daß Persien das Modell für Europa gewesen ist.

Darüber hinaus besaß der europäische Ritter, wie er von Karl Martell und seinen Nachfolgern geschaffen wurde, gegenüber seinem persischen und byzantinischen Vorbildern einen entscheidenden Vorteil, den Vorteil einer kleinen Erfindung, die uns selbstverständlich scheint, die jedoch in der Antike und anscheinend bis in die Zeit Karl Martells hinein völlig unbekannt war. Diese kleine Erfindung, deren Geschichte jüngst mit großer Klarheit von Lynn White dargelegt wurde, war eine einfache, jedoch wesentliche Erleichterung für den Reiter, der Steigbügel. Ich sagte, daß der Steigbügel vor Karl Martell „anscheinend unbekannt war“, da die Anschauungen über den Zeitpunkt seiner Erfindung auseinandergehen. Der größte moderne Historiker auf dem Gebiet der römischen Geschichte, Michail Rostovtzeff, glaubte, den Gebrauch des Steigbügels bei den Sarmaten, den berittenen Bogenschützen der südrussischen Steppe, entdeckt zu haben; und daher schloß man, daß die sarmartischen Alanen und ihre Schüler, die germanischen Vandalen, ebenfalls den Steigbügel gekannt hätten. Dies wird allerdings heute bezweifelt, und obwohl man nur schwer Gewißheit erlangen kann – die Archäologen verwünschen den hl. Bonifatius, weil er die Germanen christianisierte, bevor ihre heidnischen Gräber uns die Gewißheit geben konnten –, scheint es, daß der Steigbügel in den Tagen Karl Martells im Westen eingeführt wurde. Jedenfalls dürfte feststehen, daß er der erste war, der diese Erfindung nützte. Seine abendländischen Ritter besaßen daher eine Überlegenheit, die weder die persischen noch die byzantinischen Reiter ausgezeichnet hatte. Dank der Steigbügel konnten die Ritter ihre Waffen mit viel größerer Wucht und Treffsicherheit handhaben.

Ich habe das westliche Mönchstum als autarke wirtschaftliche Einheit beschrieben, die vom hl. Benedikt ins Leben gerufen worden war, als die einfache Zelle, die überleben und den Samen abendländischen Lebens auch im finsteren Winter des Frühmittelalters bewahren konnte. Ähnlich könnte man den Feudalismus, die militärische Einheit von gepanzertem Pferd, gepanzertem Ritter und Steigbügel als die einfache Zelle beschreiben, die die Überreste der europäischen Gesellschaft, die in den Tagen der Eroberungszüge der Muselmanen und Wikinger fast gänzlich vernichtet worden war, bewahren, konzentrieren und befreien konnte. Schließlich sollten beide, Mönchstum und Feudalismus, eine unerfreuliche und verschiedenartige Entwicklung nehmen. Die einfache Zelle des hl. Benedikt sollte sich in die großen landwirtschaftlichen Fabriken der Zisterzienser verwandeln, in die großartigen Abteien des 13. Jahrhunderts, in die herrschaftlichen Parasiten des Spätmittelalters. Die einfache Zelle des Feudalismus sollte sich zu einem System, zu einer Lebensart entwickeln, die hinter einer Fassade feinsinniger Ritterwürde an Stelle von Einheit, Ordnung und Kraft Anarchie schaffen sollte. Diese Zeiten, diese Entwicklungen waren jedoch im 8. Jahrhundert nicht

62, 63 Die Einführung des Steigbügels erhöhte die Schlagkraft der europäischen Ritter. *Links:* Ein versilberter mittelalterlicher Steigbügel aus Litauen. *Rechts:* Relief eines gepanzerten Ritters aus Limoges.

vorherzusehen, denn beide Mächte befanden sich damals im Embryonalstadium; dieser Embryo wurde inmitten der Verderbtheit der umgebenden Gesellschaft, von den siegreichen Barbaren oder von den Muselmanen, die ihr Goldenes Zeitalter genossen, einfach übersehen.

Zudem waren diese beiden Zellen einander in den Jahren der Gärung und des Wandels zunehmend näher gekommen. Einer der Gegensätze zwischen dem Europa vor und dem Europa nach den muselmanischen Eroberungszügen liegt, nach Pirenne, in der Unterscheidung zwischen weltlicher und geistlicher Gesellschaft. Die Gesellschaft des westlichen Europa vor Karl dem Großen war im wesentlichen weltlich gewesen. Im Römischen Reich hatte das Christentum seine Stellung Konstantin, das heißt dem Staat, verdankt. Daher war die Kirche dem Staat, der Klerus dem Laienstand untergeordnet. Die Auflösung des Weströmischen Reiches hatte daran nichts geändert. Der Papst mag in Rom an Macht gewonnen haben, er blieb ein Untergebener des Kaisers im Osten. Sogar einer der größten Päpste, Gregor der Große, brachte gegenüber einem der gräßlichsten Kaiser, „dem abscheulichen Phokas", der sich seinen Weg zum Thron durch Mord geebnet hatte, nur Schmeichelei, Verehrung und Unterwürfigkeit zum Ausdruck. „Als Untertan und als Christ", schreibt Gibbon, „war es die Pflicht Gregors, die bestehende Herrschaft hinzunehmen; der freudige Beifall aber, mit dem er das Glück des Mörders begrüßte, hat den Charakter des Heiligen mit unauslöschlichem Makel befleckt." In den barbarischen Königreichen lagen die Verhältnisse ganz ähnlich: „Die politische Macht der Könige", vermerkt Pirenne, „war wie die der Kaiser rein weltlich." Bei ihrem Amtsantritt fand keine religiöse Zeremonie statt; sie regierten nicht von Gottes Gnaden. „Kein einziger von ihren Hofbediensteten gehörte dem Klerus an. Alle Ministerialen und Beamten waren Laien" – Laien weltlicher Haltung, die in weltlichen Wissenschaften, dem Nachlaß der klassischen Vergangenheit, bewandert waren. Die Bischöfe wurden von den Königen eingesetzt und waren ihnen gegenüber zum Gehorsam verpflichtet, sogar wenn die Könige Häretiker waren. Eine derartig weltliche Gesellschaft konnte, schwächlich wie sie war, die Periode der muselmanischen Angriffe nicht überdauern. Sie besaß keine lebensfähige Zelle, die überdauern konnte, und brach in sich zusammen. Als die Dynastie Karl Martells die Gesellschaft des Westens wiederzubeleben versuchte, wollte sie dies nicht auf dem alten weltlichen Fundament tun. Ein neuer Impuls war nötig; und dieser neue Impuls mußte religiöser Natur sein. Mönchstum, Strenggläubigkeit und eine

64 Gregor der Große, auf einer Ausgabe seines „Kommentars zu Ezechiel“ aus dem frühen 11. Jahrhundert.

starre Doktrin schienen die Kräfte zu sein, die das Abendland durchdringen, es mit geistlichem, intellektuellem oder weltanschaulichem Elan versehen konnten. So hatte Karl Martell, obwohl er das Kirchengut säkularisierte, nicht die Absicht, die Kirche zu untergraben. Im Gegenteil, er berief angelsächsische und irische Mönche, die die fränkische Kirche reorganisieren sollten, und sein Enkel Karl der Große und sein Urenkel Ludwig der Fromme nutzten die von ihnen gegründeten großen Klöster – „die Kulturzentren des karolingischen Imperiums“ – als die Machtquelle einer neuen Politik, einer Politik in Verbindung mit dem Papsttum. Dadurch konnten sie die beiden Zellen religiöser und feudaler Macht vereinen. Sie vereinten sie in jeder Hinsicht: nicht nur an der Spitze, in der Politik, sondern durch die ganze Gesellschaft hindurch, und da dem Christentum noch der missionarische Eifer, seine lebensspendende Kraft, zu eigen war, bestand keine Gefahr, daß die christlichen Ritter, so wie einst die persischen Reiter, isoliert zugrunde gehen würden. Aus dieser intimen sozialen und politischen Verflechtung weltanschaulicher und militärischer Macht sollte in angemessener Zeit ein gemeinsamer geistiger und materieller Angriff des unterworfenen Westens gegen seine muselmanischen Ausbeuter entstehen: die Kreuzzüge.

IV Die Kreuzzüge

Die Kreuzzüge, diese seltsame Abfolge heiliger Kriege, dieser lang andauernde Kampf zwischen Ost und West, Islam und Christentum, in der Levante, der im 11. Jahrhundert so theatralisch begonnen hatte und im 13. so schmählich endete, wurde von Gibbon als der „Disput der Welt“ bezeichnet. Seither hat die Welt schon eine Menge Dispute darüber geführt, und sie wird es zweifellos weiter tun. Ich möchte meinen Beitrag dazu nun liefern.

Zuerst war die Sache ganz klar. Die einfachen Kreuzfahrer, die ihre brutalen, aber geheiligten Taten in Chroniken festhielten und jedes Kapitel über ein Gemetzel mit frommen Ergüssen und Bibelsprüchen abschlossen, stellten ihre eigenen Motive genauso wenig in Frage wie die spanischen Konquistadoren des 16. Jahrhunderts die ihren. Für sie waren die Türken die schändlichen, verfluchten Ungläubigen, „Gottes Feinde und die unsrigen“, während die in der Schlacht gefallenen Christen weiß gekleidet in den Himmel eingingen und die Palme der Märtyrer erhielten. Nach der Reformation wagten einige Protestanten, daran zu zweifeln. Während der Regierungszeit Karls I. von England schrieb Thomas Fuller, daß der einzige Gewinner bei diesem großen Abenteuer der Papst gewesen sei, „alle übrigen europäischen Fürsten würden sich, sollten sie die Rechnung überschlagen, unter den Verlierern finden“; die Kreuzzüge, behauptete er, waren sowohl Frucht als auch Ursache des Aberglaubens; der Papst machte um seines Vorteils willen „ganz Jerusalem zu Golgatha, zu einer Schädelstätte, und das ganze Heilige Land zu Akeldama, einem Blutacker“. Aber gute Katholiken waren nicht bestürzt. Am Hofe Ludwigs XIV. schwang der elegante Jesuit Louis Maimbourg, während sich sein Gegner, der Abbé Fleury, eher behutsam ausdrückte, mutig seine Feder. Für ihn waren die Kreuzzüge noch heilige Kriege, in deren Verlauf jede Greueltat durch ihr hohes geistiges Ziel gerechtfertigt wurde; und genüßlich schilderte er, wie die Christen, als sie Jerusalem erobert hatten, „das Recht des Siegers in vollem Ausmaß in Anspruch nahmen ... Überall konnte man das Fallen von Köpfen, abgehackte Beine, abgeschnittene Arme, zerstückelte Körper sehen ... sie töteten die Kleinkinder in den Armen ihrer Mütter, um diese verfluchte Rasse auszurotten, wie Gott ehemals gewünscht hatte, daß es den Amalekitern erginge."

In der Mitte des 18. Jahrhunderts änderte sich das Bild. Damals wurde die religiöse Streitfrage zum Wegbereiter der „Philosophie". Alle großen Philosophen und Historiker der Aufklärung wandten sich dem Problem der Kreuzzüge zu. Je unbegreiflicher es diesen kühlen, rationalen Geistern erschien, desto mehr verspürten sie den Wunsch, das Rätsel zu enthüllen. Was bisher völlig richtig und natürlich erschienen war, schien nun nicht mehr richtig. Das Beispiel von Saul und den Amalekitern bot weder Erklärung noch Rechtfertigung. Aber sie begnügten sich nicht damit, zu verurteilen. In dem Glauben, daß alle Menschen prinzipiell ähnlich und ihre Handlungen letztlich erklärbar seien, suchten sie nach einer psychologischen oder sozialen Lösung, und um diesen zu finden, stellten sie weltliche Fragen. Welche Kraft mochte diese eigenartigen Kriegszüge verursacht haben, während der, nach den Worten einer erstaunten byzantinischen Prinzessin, Europa aus seinen Verankerungen gerissen und gegen Asien geschleudert wurde? Worin lag die eigentliche historische Bedeutung dieser unglaublichen Abenteuer? Worin bestanden die letzten Konsequenzen für Europa und Asien? In Details und in der Akzentsetzung unterschieden sich die Antworten der Historiker des 18. Jahrhunderts manchmal, im allgemeinen stimmten sie jedoch überein. Von einem oberflächlichen Standpunkt aus besehen, waren die Kreuzzüge ein bedauernswerter Ausbruch von Fanatismus und Torheit; sie standen im Gegensatz zu Recht und gesundem Menschenverstand. Mit welchem Recht, fragte Voltaire, vermochten die barbarischen Fürsten Europas Provinzen für sich zu beanspruchen, die von den Türken nicht ihnen, sondern dem Kaiser des Ostens weggenommen worden waren? Nach welcher Gesetzlichkeit, fragte Gibbon, nahmen diese Abkömmlinge germanischer, fränkischer und normannischer Eroberer an, daß die Zeit ihre eigenen Eroberungen in Europa legalisiert habe, nicht aber jene der Muselmanen in Asien? Wenn die Historiker des 18. Jahrhunderts den christlichen Fürsten Anerkennung zollten, dann nicht für ihre Begeisterung, sondern für ihre Skepsis der heiligen Sache gegenüber. Die einzige Tugend unseres William Rufus, schrieb Hume, war seine kluge Unempfänglichkeit dieser epidemischen Dummheit gegenüber. Der einzige Fehler König Ludwigs des Heiligen von Frankreich, sagte Voltaire, war seine Vorliebe dafür. Die Helden Voltaires waren Kaiser Friedrich II., der mit dem Sultan unterhandelte, statt zu kämpfen, und dafür selbst das Opfer eines päpstlichen Kreuzzuges wurde, und der große Feind der Kreuzfahrer, Saladin, der, nachdem er die Christen geschlagen hatte, seinen Reichtum zu gleichen Teilen den muselmanischen, jüdischen und christlichen Armen vermachte.

Man muß jedoch die Ursachen von den Folgen unterscheiden. Wenn die Ursache der Kreuzzüge menschlicher Fanatismus war, was war ihr Ergebnis? Die dauerhafte Einrichtung christlicher Königreiche im Osten konnte nicht erreicht werden. Das christliche Königreich Jerusalem bestand nicht einmal ein Jahrhundert. Die christlichen Tugenden lösten sich im Osten in nichts auf; die christlichen Dynastien erschöpften sich. Die Väter mögen die Juden in Deutschland und die Ungläubigen in Palästina abgeschlachtet und die Köpfe ihrer Gefangenen in die belagerten Städte katapultiert haben und mit Freudentränen und Te-Deum-Gesang durch die heiligen Massaker gewatet sein; ihre Söhne aber – oder eher ihre Nachfolger, da es nicht viele Söhne gab – begannen ein Leben in luxuriöser Koexistenz zu führen, während sie die feudalen Bande immer mehr lockerten und sich dem orientalischen Geschmack hingaben. Am Ende des 13. Jahrhunderts war alles vorbei, war das Abenteuer zu Ende.

Und was hätte man schon gewinnen können? Voltaire schrieb, daß Kleinasien ein Abgrund war, der Europa verschlungen hatte, ein Grab für mehr als zwei Millionen Europäer. Sein einziges Geschenk an Europa, sagte er, war die Lepra. Gibbon fügte noch Seide, Zucker und Windmühlen hinzu (es scheint allerdings, als hätte er sich bezüglich der Windmühlen geirrt). Wenn Europa überhaupt etwas gewonnen hatte, darin stimmten beide überein, so war das auf indirektem Weg geschehen. Der Adel, der das Kreuz nahm, vergeudete seine Güter und ruinierte seine Familien mit diesen kostspieligen Expeditionen. Diese Vergeudung und dieser Ruin führten jedoch zu unerwarteten Vorteilen für die Gesellschaft. Um sich selbst entsprechend auszustatten, waren die Adeligen gezwungen, Freibriefe zu verkaufen, „die die Sklavenfesseln lösten, dem Bauern den Hof und dem Handwerker das Geschäft sicherten und schrittweise dem zahlenmäßig stärksten und nützlichsten

65 Ein Kreuzfahrer leistet seinen Lehenseid. Illumination aus einem englischen Psalter des 13. Jahrhunderts.

Teil der Allgemeinheit wieder Substanz und Sinn gaben. Die Feuersbrunst, die die großen und unfruchtbaren Bäume des Waldes vernichtet, schafft den kleineren und fruchtbareren Pflanzen des Erdbodens Luft und Raum."

Einige Historiker des 18. Jahrhunderts sahen auch unmittelbare Vorteile. Der große schottische Historiker William Robertson, der Geistlicher der presbyterianischen Kirche war, gab zu, daß die Kreuzzüge „ein einzigartiges Denkmal menschlicher Dummheit" darstellten, sah darin jedoch auch „das erste Ereignis, das Europa aus der Lethargie riß, in der es lange gefangen gewesen war", und er schrieb ihnen gewisse „vorteilhafte Folgen, die weder vorhergesehen noch erwartet worden waren" zu. Die italienischen Städte, die die Kreuzzüge anregten und finanzierten, wurden durch den daraus erwachsenden Reichtum groß und schufen die Profankultur Europas; sogar die Kreuzfahrer selbst profitierten durch den Kontakt mit dem muselmanischen Bürgertum; deshalb „verdanken wir diesen wilden Entdeckungsfahrten, dieser Ausgeburt von Aberglauben und Torheit, das erste Strahlen eines Lichtes, das Barbarei und Unwissenheit verbannen sollte". Diese Meinung teilte Gibbon nicht. „Der Aufschwung während der 200 Jahre der Kreuzzüge", gab er zu, „war groß, der Fortschritt rasch, und einige Philosophen haben den günstigen Einfluß dieser Glaubenskriege gepriesen, mir scheinen sie aber den Reifungsprozeß Europas eher behindert als vorangetrieben zu haben. Das Leben und die Mühen von Millionen, die im Osten begraben wurden, hätten für den Fortschritt in ihrem Heimatland besser genutzt werden können; die geballten Anstrengungen der Wirtschaft und der Reichtum wären der Seefahrt und dem Handel zugute gekommen; und die Lateiner hätten sich durch einen freundschaftlichen Austausch mit dem Osten bereichern können."

So argumentierten die Historiker des 18. Jahrhunderts. Seither hat sich das Quellenmaterial bedeutend vermehrt. Wir wissen weit mehr als sie von der Politik, den Eigentumsverschiebungen und den theologischen Diskussionen über die Kreuzzüge. Aber diese zusätzlichen Details können die historischen Probleme, obwohl sie ihnen Tiefe und Komplexität verleihen, nicht lösen. Ein weitverbreiteter Irrtum der Gelehrten besteht darin, zu meinen, daß sie es können. Die großen Probleme bleiben immer die gleichen. Worin lagen Ursache und Funktion der Kreuzzüge? Trieben sie den Fortschritt Europas voran, oder drehten sie ihn zurück, und wenn ja, wie taten sie das? Warum begannen sie im 11. Jahrhundert? Und warum endeten sie im 13. Jahrhundert? Denn obwohl man weiterhin Kreuzzüge predigte und sogar gelegentlich wieder welche unternahm, war die Begeisterung dafür vorüber. Als sich die Ritter des vierten Kreuzzuges vom muselmanischen Osten abwandten und das christliche Konstantinopel brandschatzten und als die Päpste nun nicht mehr zum Kreuzzug gegen die Ungläubigen und zur Eroberung der Heiligen Stätten, sondern zum Krieg gegen christliche Könige und christliche Prediger aufriefen, deren Rechts- oder Theologieanschauungen von jenen der Kurie abwichen, war es schwer, eine allgemeine Begeisterung zu erwecken, wie sie einst Klerus und Laien in gleicher Weise nach der Predigt Papst Urbans II. zu Clermont ergriffen hatte; begeistert waren damals Tausende dem barfüßigen Petrus von Amiens gefolgt, der auf seinem Esel durch Frankreich und Deutschland ritt und Freiwillige aufrief. Von der zweiten Hälfte des 13. Jahrhunderts an war die Idee des Kreuzzuges wohl nur mehr sehr schwach vorhanden, sie ging von den Päpsten aus, die sie mißbrauchten; ihre fesselnde Kraft hatten sie jedoch verloren.

Vier Kreuzzüge fanden innerhalb jenes Geschichtsabschnittes statt, an dem wir interessiert sind: das heißt vier spektakuläre Expeditionen, die eine konstante, wenn auch weniger deutliche Bewegung nach dem Osten unterstrichen. Ich will nicht versuchen, sie zu beschreiben. Wie Gibbon werde ich „die langweilige und monotone Erzählung ihrer blinden Erfolge abkürzen, die kraftvoll durchgeführt und mit Unkenntnis geschildert wurden". Ich werde mich mit einer trockenen Zusammenfassung der Fakten zufriedengeben, ehe ich darangehe, die weniger dramatischen, jedoch interessanteren Probleme ihrer allgemeinen historischen Bedeutung zu betrachten.

1095 wurde der erste und spektakulärste Kreuzzug gepredigt. Seine wichtigen Fakten sind allgemein bekannt. Sie beinhalten den Hilferuf Kaiser Alexios'; die Antwort Papst Urbans, die Predigten des Petrus von Amiens, die Heerschau, das Abschlachten der Juden in den Städten an Rhein und Donau und schließlich das Zusammentreffen der verschiedenen Heere in Konstantinopel, die dann über Kleinasien zu dem großen, neuen Abenteuer aufbrachen, dem ersten bewaffneten Eindringen Westeuropas in den Osten.

Wie eigenartig, fast wundersam mußte dieser erste Kreuzzug erschienen sein! Die frühen Chroniken vermitteln uns diesen Eindruck des Wundersamen und der Erregung: einer Mischung aus Begeisterung, Naivität und Grausamkeit, die ihresgleichen erst vier Jahrhunderte später im gleichfalls barbarischen Eindringen in die Neue Welt fand.

Der byzantinische Kaiser war über die Reaktion auf seinen Hilferuf verständlicherweise erschrocken. Er fühlte sich wie der Zauberlehrling, der eine Macht beschworen hatte, die weit schrecklicher war, als er gedacht hatte. Aber es gelang ihm, diesen gräßlichen Fürsten Lehenseide abzunehmen und sie und ihre ungeordneten, räuberischen Heerscharen schließlich mit Erleichterung über den Bosporus davonziehen zu sehen. Als die Kreuzfahrer nach Asien kamen, schien alles einfacher, als sie erwartet hatten. Die „Ungläubigen" traten ihnen nicht geeint entgegen; religiöse Differenzen und lokale Feindseligkeiten konnten ausgenützt werden. Nizäa, der Zugang zum Seldschukenreich, fiel in ihre Hände. Nachdem sie die türkische Armee bei Dorylaion besiegt hatten, stießen sie nach Süden vor, nahmen Antiochia und zuletzt, nach vielen Abenteuern und Eifersüchteleien, auch Jerusalem; christliche Fürsten herrschten in Antiochia, Tripolis und Edessa.

Königreiche zu erobern, ist eine Sache, sie zu halten, jedoch eine andere. Eine Generation später waren die Christen im Osten uneinig und die Ungläubigen einig. 1144 fiel Edessa, das Fürstentum des Kreuzfahrers Bohemund und seiner Dynastie, in türkische Hand. Mit einemmal kam Alarmstimmung auf. War all das Heldentum der Eroberer vergebens gewesen? Der Papst und die Könige der Christenheit waren bestürzt. Zum zweiten Kreuzzug, der die wankenden Fürstentümer des Ostens schützen sollte, rief der hl. Bernhard 1145 in Vézelay auf; das hatte wie üblich ein Pogrom in Deutschland zur Folge; danach erreichte eine vom deutschen und vom französischen König befehligte glanzvolle Armee Konstantinopel. Alles Folgende war eine einzige Katastrophe. Nach dem Verlust ihrer Armeen bei Iconium und Damaskus kehrten die beiden Könige getrennt und allein nach Europa zurück; und der hl. Bernhard, der Initiator dieser Tragödie, zog sich mit einem geistreichen Verweis auf Moses aus der Affäre, der ebenfalls im Namen Gottes versprochen hatte, die Gläubigen in das Gelobte Land zu führen, und der auch die erste Generation in der Wildnis verderben gesehen hatte.

Das bedeutete, daß die nächste Generation erfolgreicher sein sollte. In Wirklichkeit war das aber nicht so. Der dritte Kreuzzug von 1188 wurde von den drei bedeutendsten Königen des mittelalterlichen Europas angeführt: von dem beinahe legendären Friedrich Barbarossa, dem berühmtesten unter den mittelalterlichen Kaisern; von dem unromantischen, einäugigen, scharfsinnigen Schöpfer der französischen Monarchie, Philipp II. August; und von dem romantischen, hübschen, ganz und gar nicht scharfsinnigen englischen König Richard Löwenherz. Sie zogen aus, um Jerusalem wiederzugewinnen, eroberten Akkon und fanden sich plötzlich einer anderen romantischen, ritterlichen Gestalt gegenüber, die die Phantasie der Welt beflügelte, nämlich dem kurdischen Sultan Ägyptens und Syriens, Saladin. Der Kreuzzug endete unter allgemeinen Beschuldigungen. Der Kaiser war in einem Fluß in Armenien ertrunken, der französische König kehrte heim, um seinen Verbündeten, den englischen König, in Europa zu überlisten; und der englische König blieb, die Tapferkeit seines muselmanischen Gegners, der die Herrschaft über Jerusalem in der Hand behielt, abwechselnd bewundernd und nachahmend.

Als die Kreuzfahrer zum nächsten Mal auszogen, wandten sie sich nicht mehr gegen die Türken. Der vierte Kreuzzug von 1204 stellt eine der schimpflichsten Episoden in der Geschichte des Rittertums dar. Er richtete sich ursprünglich gegen Ägypten, das nun, unter dem

66, 67 *Links:* Kaiser Alexios Komnenos, dessen Hilferuf im Jahr 1095 den ersten Kreuzzug auslöste (Mosaik aus der Hagia Sophia, frühes 12. Jahrhundert). Im darauffolgenden Feldzug wurde Antiochia belagert *(rechts)* und Jerusalem erobert.

Sultanat Saladins, den eigentlichen Schlüssel zur muselmanischen Macht in der Levante darstellte. Die venezianische Kaufmannsaristokratie, die für die Verschiffung der Kreuzfahrer sorgte, hatte jedoch eine andere Idee. Immer schon hatten die rauhen Krieger Europas mit Neid und Mißtrauen auf die glanzvolle Kaiserstadt Konstantinopel und auf „diesen bösen Kaiser" (wie ihn ein Chronist nannte) geblickt, der seinerseits Bedenken gegenüber der Politik, dem Betragen und den theologischen Grundsätzen der westlichen Ritter hegte. Nachdem nun drei Kreuzzüge stattgefunden hatten, dachte man, daß die schismatischen Griechen nicht weniger gottlos wären als die ungläubigen Türken und daß ihre Stadt – diese prachtvolle Kaiserstadt, in der jahrhundertelang Schätze und Steuergelder angesammelt worden waren – weit reicher und begehrenswerter wäre als die heilige, aber kümmerliche Hügelstadt Jerusalem.

Deshalb konnten die venezianischen Senatoren die Kreuzfahrer leicht überreden, ihren Kurs zu ändern. Sie segelten nicht nach Ägypten, sondern nach Konstantinopel. Es hatte sich auch eine günstige Gelegenheit ergeben: das Byzantinische Reich befand sich gerade in einer dynasti-

68, 69 Zum zweiten Kreuzzug rief der hl. Bernhard von Clairvaux 1145 auf. Detail aus einem Gemälde des 15. Jahrhunderts von Jean Fouquet. *Rechts:* Die Heere Ludwigs VII. und Konrads III. erreichen Konstantinopel.

schen Krise. Die Eindringlinge ergriffen Partei und nahmen bald eine mächtige Position ein. Das übrige ergab sich. Die Leidenschaften der Rechtgläubigkeit und der Habgier waren entfacht; und in Szenen, die selbst das Blutbad von Antiochia und Jerusalem in den Schatten stellten, eroberten und plünderten die Kreuzfahrer, die als Verbündete gekommen waren, die größte Stadt Europas. In der Geschichte von Byzanz bedeutete das den Wendepunkt, den größten Schlag, der die Kaiserstadt jemals getroffen hatte. Bisher hatte sie als uneinnehmbar gegolten; und sie war uneinnehmbar gewesen. Wie Troja hatte sie jedem Angriff von außen getrotzt, vergebens hatten Perser, Awaren und Araber sie bestürmt. Aber nun, Verrätern ausgeliefert, die als vermeintliche Verbündete gekommen waren, fiel sie.

So wurde als Ersatz für das verlorene fränkische Königreich Jerusalem ein neues fränkisches Reich von Konstantinopel errichtet. Dieses Reich war nicht so groß wie das alte griechische, da der erwählte Fürst, Balduin von Flandern, zwar das große Los gezogen hatte, jedoch seine Verbündeten und Financiers bezahlen mußte. Deshalb wurden die Randprovinzen des Reiches unter die anderen Kreuzfahrer-

70, 71, 72 Drei faszinierende Persönlichkeiten standen an der Spitze des dritten Kreuzzuges von 1188. *Links:* Kaiser Friedrich Barbarossa. *Mitte:* Philipp II. August, König von Frankreich. *Rechts:* Richard Löwenherz, König von England.

fürsten verteilt; die größten Häfen und die Inseln wurden stillschweigend von den geschickten Venezianern annektiert; und sogar Konstantinopel kam nicht zur Gänze an seinen neuen Regenten. Die Schätze, die Konstantin aus allen Winkeln des Römischen Reiches, aus Delphi, Rom, Ephesos und Ägypten, in seiner Stadt zusammengetragen hatte, wurden auseinandergerissen, bei der Plünderung zerstört oder weggeschafft; so kamen die großen Bronzepferde des Lysipp nach Venedig, um die siegreiche Stadt, die eigentliche Gewinnerin der Kreuzzüge, zu schmücken.

Das war ein kurzer Abriß der Geschichte der vier Kreuzzüge. Mehr will ich über ihren Verlauf nicht sagen; ich möchte jedoch, wenn möglich, den historischen Zusammenhang und die historische Perspektive deutlich machen, das heißt, die ganze Bewegung zuerst gegen den weltlichen Hintergrund der Zeit stellen, und sie dann in Beziehung zu anderen Abschnitten in der europäischen Expansion sehen. Denn die Geschichtsschreiber der Kreuzzüge haben sie zu oft isoliert behandelt. Sie sollten meiner Meinung nach als der Teil eines größeren sozialen Prozesses gesehen werden, der für diese beiden Jahrhunderte charakteristisch war. Darüber hinaus sind die Kreuzzüge – wie ich vermute – hinter ihrer mittelalterlichen, urtümlichen, religiösen und romantischen Fassade anderen Auswirkungen europäischer Expansionen äußerst ähnlich, die, da sie sich später ereigneten, nur eine andere, weniger mittelalterliche, weniger urtümliche, vielleicht weniger religiöse, aber keineswegs weniger romantische Fassade besaßen.

Wie sah nun dieser weltliche Hintergrund der Kreuzzüge aus? Ich habe erwähnt, daß das ländliche Europa in all seiner Zersplitterung im 8. Jahrhundert zwei gesellschaftliche Zellen – wenn ich diese Metapher gebrauchen darf – beinhaltete, in denen seine Lebenskraft bewahrt und durch die sie verteidigt werden konnte. Die eine bildete das Mönchstum des hl. Benedikt, das ursprünglich auf einer einfachen autarken Wirtschaft basierte, das von der Religion erhalten und überhöht wurde und das daher vor totaler Zerstörung sicher war. Die andere bildete der Feudalismus, der seine spezifische Ausprägung in der Zeit Karl Martells erfuhr: die soziale und militärische Einheit, die auf schwer gepanzerten, berittenen und mit Steigbügel versehenen Reitern beruhte und die durch Vergabe von Landbesitz und Militärdarlehen zusammengehalten wurde. Diese beiden Einrichtungen konnten zweifellos mißbraucht werden. Das Mönchstum sollte in seiner mißbräuchlichen Form allen weltlichen Fortschritten des Christentums entgegenwirken, es sollte

73 *Oben:* Der kurdische Sultan Ägyptens und Syriens, Saladin, wie er von Richard Löwenherz vom Pferd gestoßen wird. Ein wenig schmeichelhaftes Porträt aus dem Luttrell Psalter um 1340.

74 Kreuzfahrer in Konstantinopel. Darstellung aus einem zeitgenössischen Bericht Erzbischof Wilhelms von Tyrus.

zu dem Instrument werden, durch das der Verfall in der Kirche Einzug hielt. Der Feudalismus sollte zu einem anarchischen System der Unterdrückung werden, das auf das Wirtschaftswachstum hemmend einwirkte und zu dauernder militärischer Zwietracht führte. Diese Entwicklungen stellten jedoch Entartungen der ursprünglichen Idee dar; in ihrer idealen Form besaßen sowohl Mönchstum als auch Feudalität Sinn und geistigen Gehalt. Sie bedurften nur einer Organisation, um diesen Sinn zu verwirklichen. Wenn die mönchischen Verbände in ihrer Handlungsweise koordiniert werden und wenn beide Systeme zusammenwirken konnten, dann konnte in der Kombination von Weltanschauung und Kriegskunst eine Revolution durchgeführt werden, die das Kräfteverhältnis in der Welt veränderte.

Als Karl Martell und seine Nachfolger im 8. Jahrhundert die Grundlagen für das Rittertum legten und Mönche aus dem fernen Westen nach Frankreich, Deutschland und der Schweiz brachten, schien diese neue Organisation, diese neue Einheit, bereits Gestalt anzunehmen. In Wirklichkeit war es aber noch nicht so weit. Der karolingischen Morgendämmerung war kein Tagesanbruch gefolgt, und im späteren 9. und im 10. Jahrhundert setzte sich der wachsende Glanz der arabischen Kultur gegen die fortwährende Finsternis in Europa deutlich ab. Die Gründe dafür kenne ich nicht. Vielleicht konnte die europäische Wirtschaft einen echten Feudalismus noch nicht verkraften; schließlich mußte Karl Martell Land konfiszieren, um diesen Feudalismus zu begründen, dessen Basis die Substanz und nicht der Ertrag war. Vielleicht braucht jede neue Erfahrung Zeit, um reif zu werden; und das 9. wie das 10. Jahrhundert waren bewegte Zeiten, die neuerlichen Einbrüche der Madjaren zu Lande und der Wikinger und Sarazenen zu See brachten. Auf alle Fälle schien im 10. Jahrhundert weder das Mönchstum noch der Feudalismus die Kraft zu besitzen, die europäische Gesellschaft wiederaufzubauen. Die Kaiser vermochten das Werk Karls des Großen ebensowenig fortzusetzen, wie die Päpste das des hl. Gregor. Die Päpste des 10. Jahrhunderts haben die frommen Historiker in Verlegenheit gebracht, denn diese mußten berichten, daß die Tiara durch die, beziehungsweise an die, aufeinanderfolgenden Liebhaber einer vollendeten römischen Kurtisane und an die Nachkommen einer anderen verliehen wurde (das rechtfertigt die mittelalterliche Erzählung von der Päpstin Johanna, die begeisterte Protestanten so gerne hören), und daß die Galanterie eines solchen Papstes – ich lasse Sie raten, wen ich hier meine – „die Pilgerinnen abschreckte, das

Grab des hl. Petrus zu besuchen, um bei dieser frommen Handlung nicht von seinem Nachfolger vergewaltigt zu werden".

Doch diese Zeit ging vorüber, und im 11. Jahrhundert kam es in Europa zu einem großen Wandel, der nördlich der Alpen begann. Man kann nicht sagen, worin dieser Wandel eigentlich bestand. In der Geschichte ist nur eines sicher, nämlich, daß kein historischer Vorgang oder Wandel nur eine einzige Ursache besitzt; die Ereignisse sind nicht einer einfachen mathematischen Formel vergleichbar, sondern bestehen aus einer komplizierten Verkettung von Ursachen. Zweifellos lag eine Ursache für diesen Wandel im 11. Jahrhundert in einem bedeutenden, wenn auch für uns nicht meßbaren Bevölkerungswachstum, und ein zumindest verstärkender Faktor für dieses Bevölkerungswachstum bestand in einer Reihe technischer Neuerungen, die die Produktivität des Landes steigerten.

Eine solche Neuerung, die der Gegenstand heftiger historischer Kontroversen gewesen ist, war vermutlich die moderne Art des Pflügens. Im Nahen Osten und im Mittelmeerraum wurde der leichte Hackpflug verwendet, ein erdwärts gerichteter Dorn, der von zwei Ochsen zuerst in eine Richtung und dann kreuzweise über einen viereckigen Landfleck gezogen wurde. Das war für leichten, trockenen Boden vollkommend ausreichend. Für den feuchten, schweren nordeuropäischen Boden war ein derartiger Pflug jedoch in der Regel ungeeignet. Daher war die Landwirtschaft anfänglich nur in äußerst begrenzten Gebieten möglich. Aber schrittweise fand im Frühmittelalter in Nordeuropa eine neue Pflugtype Verwendung; ein schwerer Pflug, der mit Messer und Pflugschar versehen war, der die Erde zerteilen und den Rasen mit einem „Formbrett" seitwärts schaufeln konnte, wobei sich Furche und Rain bildeten und die Erde entwässert und zugleich aufgegraben wurde. Dieser schwere „deutsche" Pflug besaß zumeist Räder und wurde von einem Ochsengespann gezogen; deshalb pflügte man lange Streifen leichter als ein viereckiges Feld. Das Ochsengespann war Gemeindeeigentum, und zusammen mit der Ackerstreifenbebauung entstand eine neue soziale Einheit. Das Resultat dieser Entwicklung lag in gesteigerter landwirtschaftlicher Produktivität und in engerem sozialem Zusammenhalt. Sicherlich konnten die Neuerungen nicht auf einmal übernommen werden. Im Norden Europas scheint der Pflug im 10. Jahrhundert allgemein verwendet worden zu sein; dies fiel mit anderen Errungenschaften zusammen, wie etwa der Anwendung moderneren Rüstzeugs, mit dem Ersatz der Ochsen durch Zugpferde, mit der Dreifelderwirtschaft und

75 Der voll entwickelte mittelalterliche Pflug mit Ochsengespann, Pflugschar und Jo

dem Fruchtwechselsystem; durch all das vergrößerte sich sowohl die Anbaufläche als auch die Produktivität des bestellbaren Landes.

Diese landwirtschaftlichen Neuerungen konnten eine Zunahme an arbeitender Bevölkerung bis zu einem gewissen Grad kompensieren. Aber größere Familien mit geringer Kindersterblichkeit sollten sich, selbst bei gesteigerten Produktionsmöglichkeiten, negativ auswirken. Im 11. Jahrhundert konnte die wachsende Bevölkerung nördlich der Alpen nicht mehr ernährt werden, und deshalb wuchs der Druck an den Grenzgebieten. Zur selben Zeit gewannen die beiden bewahrenden Einrichtungen, die Europa geschaffen hatte, neues Leben und neue Einheit. Der Reformeifer englischer und irischer Mönche wurde von den Mönchen aus Cluny in Frankreich übernommen, die die Kirche retten und kontrollieren wollten. Waren die benediktinischen Abteien gleichrangige und unabhängige Gründungen gewesen, so gehörten die kluniazensischen Klöster einem disziplinierten, durchorganisierten, straffen System an, das von der Abtei Cluny aus beaufsichtigt wurde und daher zu einer einheitlichen Politik in der gesamten christlichen Welt fähig war. Der Feudalismus wurde von den in Frankreich eindringenden Normannen übernommen, die ihn dazu benützten, Königreiche und Lehen in Italien und England für sich und ihre Nachfolger zu erobern.

In Italien trafen diese beiden Kräfte, die stets gesellschaftlich ver-

lumination aus dem Luttrell Psalter.

bunden gewesen waren, einander in der Politik. 1059 verband sich das Papsttum, das bereits von den kluniazensischen Reformideen beeinflußt war, mit den normannischen Abenteurern in Süditalien. Sieben Jahre später nahm Wilhelm der Eroberer unter dem Segen eines Reformpapstes mit seiner kleinen Schar unbesiegbarer, berittener, Steigbügel benützender Krieger das nicht-feudale Königreich England an einem einzigen Tag ein. Eine Generation später sollte ein ähnliches Bündnis zwischen reformiertem Papsttum und normannischen Rittern aus Frankreich, England und Süditalien neue Königreiche im Osten schaffen. Der Bevölkerungsdruck steigerte das Tempo; die neuen Institutionen bestimmten Ideologie, Ausführung und Leitung. Am Ende paßte sich wie so oft die Ideologie an; konstant blieb die Expansion, die Eroberung. Die Kreuzfahrer, die ihren Angriff gegen die Muselmanen mit ihrem tugendhaften Abscheu vor dem falschen Propheten Mohammed rechtfertigten, kamen nämlich keineswegs in Verlegenheit, als sich dieser Vorwand in nichts auflöste. Die Griechen in Konstantinopel waren auch Christen gewesen, aber diese Tatsache hatte sie nicht vor den schrecklichen Franken bewahrt, vor diesem Heer landhungriger jüngerer Söhne und überzähliger Bauern, die auf der Suche nach irdischem wie nach geistigem Heil nach Westen und Osten ausschwärmten.

Überall finden wir dasselbe. Wenden wir uns nun vom östlichen zum westlichen Mittelmeerraum, von der nördlichen zur südlichen Atlantikküste Europas. Im 9. und 10. Jahrhundert erfreute sich das muselmanische Spanien wie der übrige Teil der islamischen Welt seines Goldenen Zeitalters. Während der Kalif von Cordoba eine prachtvolle Moschee erbauen ließ, verbargen sich die Reste unabhängigen spanischen Christentums in Verstecken im Norden der Halbinsel und hielten ihre Gottesdienste in niedrigen, höhlenartigen Kirchen ab. Aber im folgenden Jahrhundert finden wir auch hier ein Vordringen des Christentums, wieder einmal ging es vom Norden aus. Die Mönche von Cluny und die fränkischen Ritter formten und beseelten diese Bewegung. Die Mönche von Cluny begannen mit den Pilgerzügen zum Schrein des hl. Jakobus von Compostela an der entlegenen Nordwestspitze Spaniens. Sie verwandelten den hl. Apostel Jakobus, den „Bruder Jesu", in einen militärischen Kreuzfahrerpatron des christlichen Spanien und machten aus dem Weg nach Compostela eine der größten Pilgerstraßen Europas; von Anfang an waren es Franzosen, die die Gaststätten entlang dieser Straße führten. Die Kleinkönige des christlichen Spanien begrüßten die kühnen Einwanderer, gaben ihnen Land und machten sie zu Bischöfen in Spanien. Mit den Mönchen und den Gastwirten kamen die Ritter, Normannen und Burgunder, um die „Reconquista" – das heißt, den Krieg zur Wiedergewinnung des restlichen Spanien von den maurischen Eroberern – zu unterstützen. 10 Jahre vor dem ersten Kreuzzug hatten burgundische Soldaten Toledo genom-

76 Burg Rising in Norfolk, eines der Bollwerke, durch das die normannischen Eroberer ihre Herrschaft in England festigen konnten.

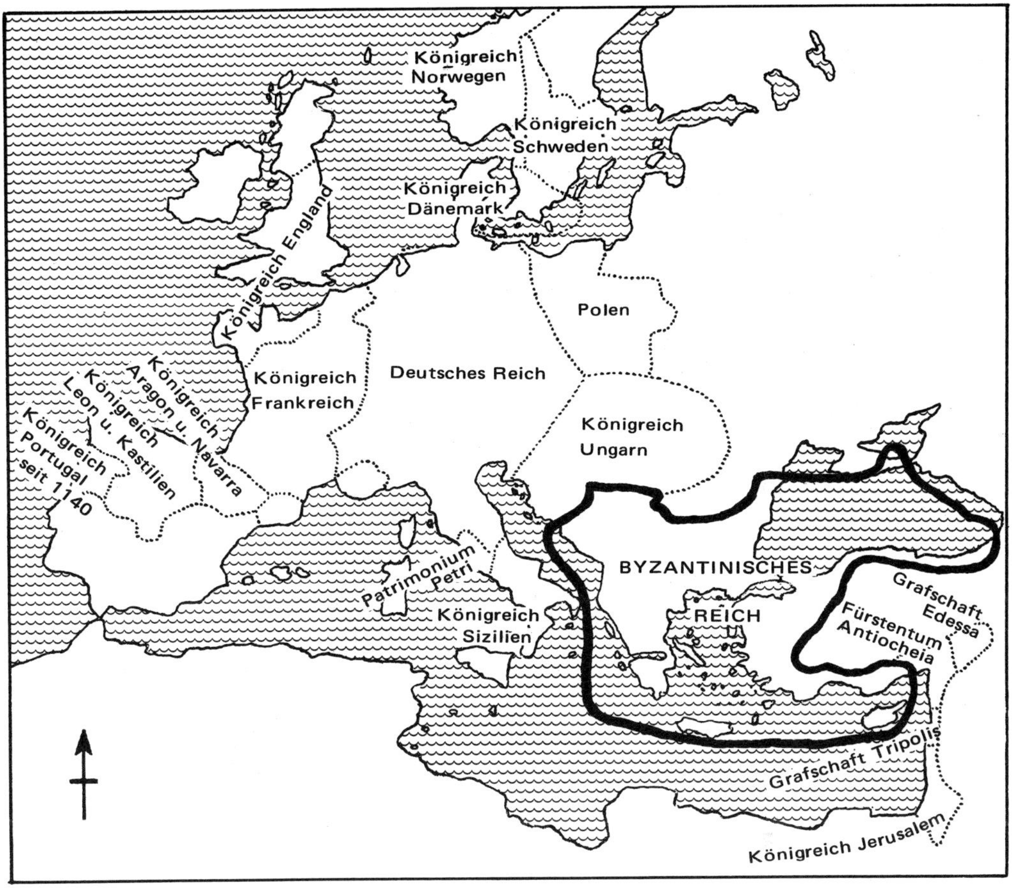

77 Europa nach dem ersten Kreuzzug.

men; ein Franzose war zum Bischof ernannt worden. Normannische Soldaten hatten die große aragonische Festung Barbastro zweimal gestürmt. Es kamen Ritter aus vielen Ländern. Fünfzig Jahre später erreichte eine Mannschaft englischer und flämischer Kreuzfahrer, die in Richtung Mittelmeer segelte, um am zweiten Kreuzzug teilzunehmen, die Mündung des Duero. Es war nicht schwierig, sie zu überzeugen, daß es unnötig war, weiterzusegeln. Denn es gab auch in Portugal Ungläubige und mindestens ebenso reiche Landstriche wie in Palästina.

Die Kreuzfahrer wurden handelseins und blieben. Anstelle von Edessa eroberten sie Lissabon; nachdem sie die muselmanischen Einwohner getötet und sich in deren Gebieten eingerichtet hatten, vergaßen sie das christliche Königreich Jerusalem und gründeten, ohne sich der Konsequenzen auch nur annähernd bewußt zu sein, jenes von Portugal.

Italien, England, Palästina, Spanien, Portugal: nach allen Richtungen hin wurden die Grenzen der Christenheit vorgeschoben. Auch in Deutschland können wir dasselbe beobachten. Im 8. Jahrhundert hatte der englische Heilige Bonifatius die Germanen christianisiert, indem er ihnen predigte, und Karl der Große die Sachsen bekehrt, indem er sie aufs Haupt schlug; hinter der Elbe aber lag die Welt der Preußen und Slawen, dieser heidnischen Untermenschen, die bis dahin für die Geschichte nur dann eine Rolle gespielt hatten, wenn sie die christlichen Königreiche als Eunuchen und Sklaven auf dem Weg nach muselmanischen Ländern durchquert hatten. Wir wissen von germanischen Kolonisatoren und Missionaren, die im frühen 10. Jahrhundert in das Gebiet der Slawen vordrangen und neue Bistümer an der Elbe gründeten;

jedoch fünfzig Jahre später erhoben sich die Slawen in einem Aufstand und machten diese Bemühungen zunichte. In Ost und West konnten die Errungenschaften der Karolingerzeit nicht beibehalten werden; dem Fortschritt folgte ein zumindest zeitweiliger Rückschritt. Im nächsten Jahrhundert allerdings war der Fortschritt wieder spürbar. Und wieder waren es Ritter und Männer der Kirche, die ihn einleiten, darauf vertrauend, in der nachrückenden Bevölkerung immer wieder Handlanger für ihre Aufgaben zu finden. Bald sollte ihnen noch ein anderes Instrument zur Verfügung stehen. Die Deutschen, die als Kreuzfahrer in das Heilige Land gezogen waren, hatten einen militärischen Orden, den „Deutschen Ritterorden", gegründet. Als die Situation im Heiligen Land immer aussichtsloser wurde, transferierte man den Deutschen Ritterorden in den Norden; er sollte als eine reiche Kolonialaristokratie, als Herrenklasse an der baltischen Küste enden. Der Kreuzzugsgedanke war umfassend – er richtete sich gegen die Muselmanen im Mittelmeerraum, gegen die Heiden in Osteuropa, gegen die schismatischen Christen in Byzanz und gegen die häretischen Christen in Südwestfrankreich.

78, 79, 80 Wallfahrten im Mittelalter. *Gegenüberliegende Seite:* Cluny, das Mutterhaus der kluniazensischen Klöster. *Links unten:* Der Lohn der Pilger, die Aufnahme in Abrahams Schoß (Ausschnitt aus dem Tympanon von Autun, 12. Jahrhundert). *Rechts unten:* Der Palast des Diego Gelmirez, des ersten Erzbischofs (1100–1130) und Wiedererbauers der Kathedrale von Santiago de Compostela, einem der größten Wallfahrtsorte des Mittelalters.

Er war unteilbar, weil seine wirklichen Hintergründe nicht in der Religion lagen; die Religion heiligte und kanalisierte nur eine gewaltige Entwicklung gesellschaftlicher Expansionen.

Wie erfolgte nun die Kolonisation des übervölkerten Europa, das, von der Kirche angefeuert und mit feudalen Einrichtungen versehen, seine Grenzen nach allen Richtungen hin ausdehnte? Welche Organisation besetzte das Land und beutete es aus? Zum Teil taten es die Abteien. Das Kloster, jene Zelle, in die sich das ländliche Europa aus dem untergehenden Römischen Reich gerettet hatte, weitete sich nun wieder aus; und das Kloster war unter dem Schutz des Feudalismus als wesentlicher Teil des sich weiterentwickelnden Christentums überall im Vordringen. Jedoch wie sich die Zeiten änderten, so wandelten sich auch Form und Aufgabe des Klosters. In der neuen Zeit der Expansion war das Kloster nicht länger der Schützer einer Zivilisation, die sich auf der Flucht befand, die sich auf kleinsten Raum beschränken mußte, um Leben und Kultur vor eindringenden Barbaren zu retten. Nun wurde es zu einem Ausgangspunkt für Kolonisation und Pioniertaten, zum wirtschaftlichen Organismus einer erfolgreichen Gesellschaft. Und als solcher veränderte es seine Gestalt. Auf jeder Stufe der Zivilisation müssen alte Einrichtungen angepaßt oder ausgetauscht werden, und neue Einrichtungen übernehmen entweder die Aufgaben der Vergangenheit oder bilden neue. In der Zeit der Bedrohung, im 6. Jahrhundert, war das benediktinische Kloster die Keimzelle des Christentums gewesen; in den harten Jahren des Widerstands, im 10. Jahrhundert, hatten die kluniazensischen Klöster eine disziplinierte hierarchische Organisation ausgebildet. In der neuen, expansiven Ära der Kreuzzüge traten andere Orden in den Vordergrund; sie entstanden natürlich nicht im Italien des hl. Benedikt, im Herzen des alten Römischen Reiches, sondern im Zentrum und an der Quelle der neuen Expansion, im Geburtsort der Kreuzzüge, in den Ländern jenseits der Alpen.

Der bedeutendste neue Mönchsorden war der Orden von Cîteaux, waren die Zisterzienser. Seine eigentlichen Gründer waren Stephan Harding, der englische Abt von Cîteaux, und – äußerst passend – der hl. Bernhard, der Prediger des zweiten Kreuzzuges. Der Erfolg der neuen Bewegung stellte sich unmittelbar ein. Im 12. Jahrhundert wuchsen in ganz Europa ihre Klöster aus der Erde, die mit den alten Klöstern nichts mehr gemein hatten. Die alten Benediktinerklöster waren wie alle frühen Gründungen bequem und schlaff geworden. Die Zisterzienserklöster – und andere, die ihrem Vorbild gefolgt waren, wie die Prämonstratenser – waren strenger und puritanischer; sie befanden sich auch in Wirtschaft und Zielsetzung auf der Höhe der Zeit. Sie waren auf den Fortschritt, auf die Kolonisation ausgerichtet, zentral gelenkt und dennoch flexibel: jedes Haus gründete Tochterklöster und diese wiederum gründeten weitere; immer im Kielwasser der adeligen Macht treibend, erschlossen sie neue Länder. Die Zisterzienser waren besonders tüchtige Agrarökonomen, große Viehzüchter und begabte Kolonisatoren unfruchtbarer Gebiete. Wir begegnen ihnen in Brandenburg, Pommern, an der baltischen Küste; wir finden sie in Polen, Böhmen und Ungarn, und wir finden sie – in Rievaulx und Jervaulx, Fountains und Furness, Melrose und Dundrennan, Tintern und Strata Florida – in den Tälern Yorkshires und an den schottischen und walisischen Grenzen: überall dort, wo es unbebautes Land zu kultivieren und Wald zu roden gab.

Waren nun die Abteien ein Träger der Kolonisation, so waren die Städte ein anderer, letztlich weit wichtigerer. Für diese Städte, die mit dem Untergang des Römischen Reiches aus dem westlichen Europa beinahe verschwunden waren, begann mit den Kreuzzügen ein plötzlicher Wiederaufstieg. Diese Entwicklung hing nicht nur mit den Kreuzzügen zusammen. Anfangs bedeuteten die Kreuzzüge sogar einen Rückschlag für die italienischen Städte, die von friedlichem Handelsverkehr mit Konstantinopel und den muselmanischen Mittelmeerstädten lebten. Der normannische Eroberungszug zerstörte Amalfi ganz und Bari teilweise. Venedig nahm zunächst nur recht widerwillig an den Kreuzzügen teil; aber als sich die Kreuzzüge immer weiter entwickelten und Verschiffung sowie finanzielle Unterstützung nötig machten, erkannten die italienischen Küstenstädte ihre Chance. Sie sorgten für die Überfahrt der Kreuzfahrer, investierten Kapital, sicherten sich ihre Bezahlung in verschiedenen Formen – eigene Viertel in den eroberten Städten, Handelsprivilegien und Monopole, Prachtgüter –, bis sie schließlich das lebendige und blühende Bindeglied wurden, durch das Europa nun wieder in regelmäßigen Kontakt mit dem Osten getreten war. Ein belebender Impuls traf die Städte ganz Europas, zuerst jene an der italienischen Küste – Venedig, Genua, Pisa, Neapel –, dann jene im Hinterland – Florenz und Mailand –, schließlich jene entlang der Handelswege, die nach Mittel- und Nordeuropa führten, über die Alpen nach der Schweiz und Süddeutschland, den Rhein abwärts nach Flandern, das die bedeutendste Wirtschaftsmacht des Nordens darstellte. Da der Kontakt mit dem Osten die italienischen

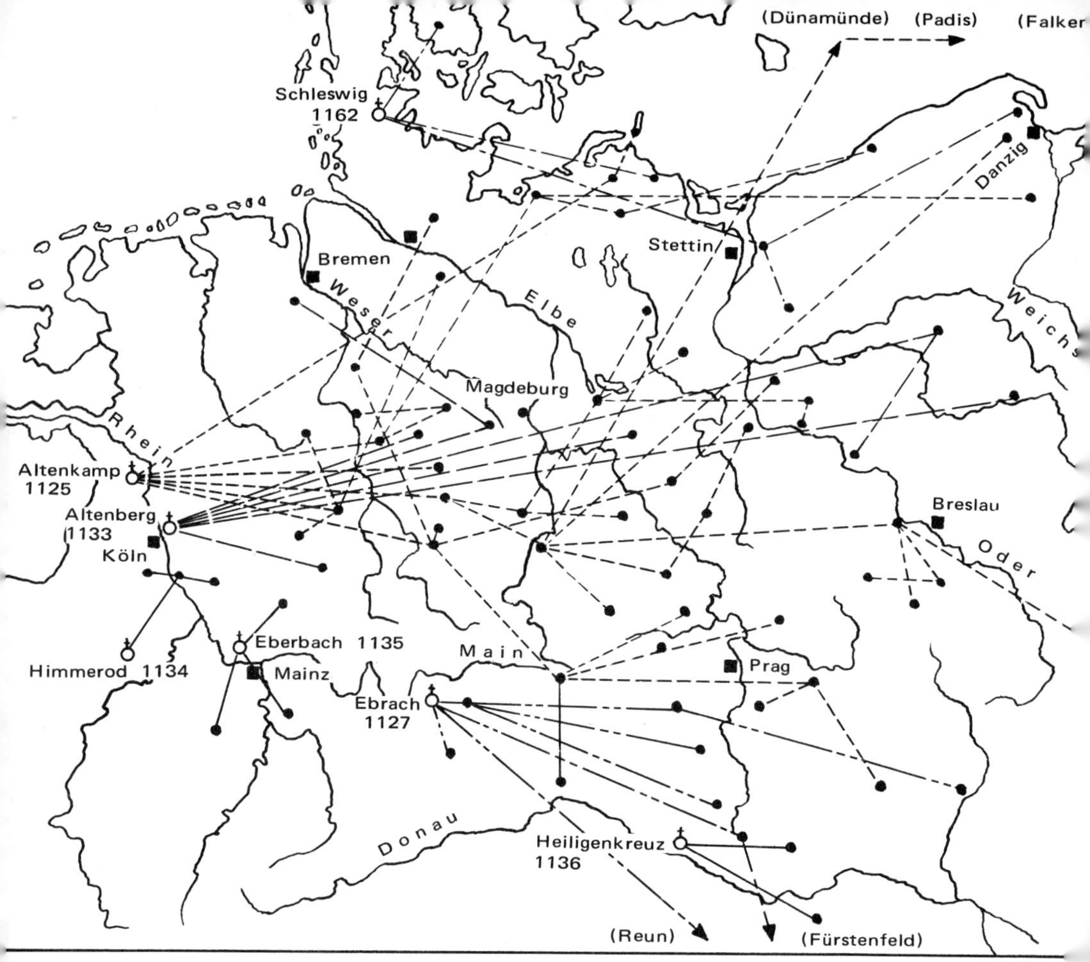

81 Deutsche Zisterzienserklöster im 12. und 13. Jahrhundert. Die Linien, die von den verschiedenen Mutterklöstern zu den von ihnen gegründeten Tochterklöstern führen, sind graphisch unterschieden.

Städte belebte, waren sie in der Lage, ihre Fühler nach dem Norden auszustrecken; Venedig wandte sich über die Alpen bis in das Gebiet des heutigen Österreich und Mailand nach der Schweiz. Böhmen und Deutschland besaßen schwache Handelsbeziehungen zum Mittelmeerraum, und italienische Händler kauften in Brügge oder Ypern für die Florentiner Manufakturen Wolle aus den neuen Zisterzienserklöstern in England.

 Außerdem brachten die italienischen Städte dank des Mittelmeerhandels und der daraus erwachsenden Industrie eine wesentliche Antriebskraft für einen solchen Handel nach Europa zurück, das Gold. Seit der Zeit Karls des Großen war Gold in Europa eine Seltenheit gewesen, und die abendländischen Herrscher hatten keine regulären Goldmünzen schlagen lassen. Die wenigen Ausnahmen beweisen diese Regel nur: die

82 Fountains Abbey in Yorkshire. Eines der zahlreichen Zisterzienserklöster des 12. Jahrhunderts.

halb arabisierten Fürsten Siziliens und Spaniens an den Grenzgebieten des Islam, die Waräger in Kiew, die die Welt des Islam mit Sklaven versorgten, und der angelsächsische König Offa, der arabische Vorbilder nachahmte. Das sollte sich nach den Kreuzzügen jedoch ändern. Gold aus Afrika fand wieder seinen Weg nach Europa. Aus dem Sudan wurde es auf Karawanen durch die Sahara an die Küste gebracht und von dort in die italienischen Städte. Es kam auch auf dem Handelsweg aus Konstantinopel, Syrien und Ägypten, oder es wurde erobert. So konnten die europäischen Länder nach 500 Jahren wieder ihre eigenen Goldmünzen schlagen. Florenz war die erste Stadt, die 1252 eine Goldmünze, den „Florin“, prägte; dann folgten die anderen Städte Italiens und Frankreichs. 1284 kam der „Dukaten“ Venedigs in Umlauf. Im folgenden Jahrhundert besaß der gesamte Kontinent wieder eine Goldwährung.

Die italienischen Städte profitierten von den Kreuzzügen; ihr Fernhandel hätte keine derartige Größenordnung oder Wirkung erreicht, hätte er nicht jener größeren Entwicklung gedient, die hinter den Kreuz-

83, 84 Neue Handelsverbindungen zum Islam. *Links:* Relief aus dem späten 13. Jahrhundert, das den Hafen von Pisa darstellt; seine Architektur zeigt deutlich den Einfluß aus dem Osten. *Rechts:* Text des Friedensvertrages von Tunis (1270), der wechselseitigen Handel zwischen dem muselmanischen Herrscher von Tunis und den christlichen Königen Philipp III. von Frankreich, Karl von Sizilien und Theobald von Navarra vorsah.

zügen stand: dem Bevölkerungswachstum in Europa und der Kolonisation von Neuland, die teils durch Eroberung, teils durch landwirtschaftliche Besiedlung erfolgte. Diese größere Entwicklung führte auch direkt zu einer anderen Form der Städte: die heimischen alten Städte wurden größer, und neue Städte jenseits der alten Siedlungsgrenzen wurden gegründet. Denn der europäische Fortschritt zur Zeit der Kreuzzüge bestand nicht nur in Eroberung und Ausbeutung (an einigen Orten, wie etwa in der Levante, war das allerdings der Fall, deshalb waren die Eroberungen dort auch so kurzlebig); auf den Landgewinn folgte die Besiedlung. Sie wurde jedoch nicht nur der eingeborenen Landbevölkerung aufgezwungen, sondern sie war die Besiedlung durch eine vollständige Gesellschaft; diese neue Gesellschaft benötigte für ihre Versorgung und ihren Zusammenhalt neue Städte. In Spanien errichteten die erfolgreichen christlichen Könige zahlreiche Städte. Manchmal organisierten die Könige, Äbte oder weltlichen Adeligen selbst die Besiedlung; manchmal blieb es den alten Städten überlassen, neue Städte nach ihrem eigenen Vorbild zu gründen. In Deutschland gelang es den alten Städten im Westen, die einmal als Siedlungen verschiedenartiger Bevölkerungsgruppen begonnen hatten und die sich in den Schutz einer Burg oder einer Bischofsresidenz gestellt hatten, neuen Reichtum, einen neuen Handelsgeist und bürgerliche Unabhängigkeit zu gewinnen; Herr und Bischof verloren an Macht, und die Stadtverwaltung festigte sich. Die Stadt folgte den Eroberungszügen in den Osten. Die alten Städte gründeten Stadtkolonien, so wie die Zisterzienserklöster Tochterklöster gegründet hatten. Köln gründete Freiburg, Regensburg erneuerte die zerstörte Römerstadt Wien; Lübeck legte den Grundstein zu einer Reihe deutscher Städte an der baltischen Küste und den Inseln, um den Pelzhandel mit Rußland zu erschließen und zu kontrollieren. Allein in Brandenburg, Pommern und Rügen waren um 1300 hundert neue Städte gegründet worden.

Ich behaupte, daß die Kreuzzüge – ob wir sie nun als ein „Heldenepos" oder als eine „ansteckende Torheit" betrachten – nicht ausschließlich eine religiöse Bewegung darstellten. Sie waren für sich allein genommen nicht einmal die Ursache für das Wiedererwachen Europas; sie waren vielmehr Teil eines weit größeren, umfassenderen Vorganges, den wir in ganz Europa und an allen Grenzen der abendländischen Christenheit verfolgen können: jenseits der Pyrenäen, jenseits der Elbe, an der schottischen Grenze und in Irland. Dieser Prozeß nahm seinen Anfang in Nordeuropa. Er wurde von einem neuen Bevölkerungswachstum und neuen landwirtschaftlichen, sozialen und militärischen Einrichtungen verursacht. Der schwere deutsche Eisenpflug verdrängte den hölzernen Pflug der Slawen bis in die Gebiete jenseits der Elbe, ebenso wie die gepanzerten, mit Steigbügeln ausgestatteten normannischen Ritter das angelsächsische oder keltische Fußvolk in England und Irland verdrängten und wie die Zisterzienserklöster in das unbesiedelte Brachland an der walisischen und schottischen Grenze, nach Hinterpommern und in das Baltikum vorrückten. Die Städte und die steigenden Preise, die das Handelswachstum begleiteten, wirkten an der Auflösung der Feudalmacht der landbesitzenden Ritter mehr mit als die Kreuzzüge. Vielleicht waren die Kreuzzüge, wie Gibbon schreibt, eine Umleitung dieser großen Expansion auf den Seitenarm eines nutzlosen Imperialismus; vielleicht war der Imperialismus mit der Expansion untrennbar verbunden. Das ist aber eine andere Frage.

Wenn wir diese Entwicklung aus der zeitlichen Perspektive betrachten, erkennen wir noch etwas anderes. Die Kreuzzüge waren in ihrer Zeit nicht mehr isoliert als in ihrem Wesen; sie waren keine einzig-

85 Die Herrschaft der „Franken“ in Griechenland; die Burg Karytaina aus dem 13. Jahrhundert, erbaut von Geoffroy de Brières (eine Zeichnung von Edward Lear).

artige, unwiederholbare Episode. Sicherlich sind sie in der besonderen Kombination ihrer Einzelheiten nicht wiederholbar, da kein historisches Ereignis jemals genau wiederholt werden kann. Ihrer allgemeinen Eigenart nach waren sie jedoch ein soziales Phänomen, das in der Geschichte oftmals aufgetreten ist und das sogar in kurzer Zeit in der europäischen Geschichte wiederkehren kann. Wir müssen nur genau beobachten. Die Abenteurer, die in der Levante Plantagen errichteten und jene, deren drohende Burgen noch heute finster und fremdartig die Hügel Syriens beherrschen oder auf die romantischen Täler Griechenlands hinunterblicken, die Zuckerplantagen, die von Venezianern und Genuesen auf den eroberten Inseln angelegt wurden und die Sklavenarbeit, die dort geleistet wurde, die Monopole, die dort geschaffen wurden, und der phantastische Reichtum der italienischen Küstenstädte, der sich daraus ergab – erinnert uns das alles nicht an eine andere Zeit?

Ich denke dabei an die spätere Eroberung Amerikas; auch sie war ein Kreuzzug. So wie die Kluniazenserklöster die Eroberung in der Levante angeführt hatten, leiteten die Klöster Spaniens die Eroberung Amerikas.

Denn auch diese Eroberung sollte eine „geistliche Eroberung" sein. Mönche und Laienbrüder begleiteten sie und predigten gegen die falschen Götter, zerstörten deren Tempel, übersäten die Neue Welt mit riesigen Klöstern, mit Speichern für eine neue Seelenernte. Hatte die Entdeckung der Heiligen Lanze und des Kreuzes Christi die Kreuzfahrer im Osten beflügelt, so erschien den Konquistadoren des Westens der hl. Jakobus auf seinem Schimmel, um sie zu ermutigen. „Santiago Matamoros" – dem hl. Jakobus, dem Maurentöter – würde es wohl auch gelingen, die Indianer umzubringen. Spanier und Portugiesen verpflanzten alle die Einrichtungen nach Amerika, die vier Jahrhunderte zuvor in der Levante entwickelt worden waren. Hernando Cortés brachte jene Zuckerindustrie nach Mexiko, die seit den Kreuzzügen in den venezianischen und genuesischen Kolonien des östlichen Mittelmeerraumes betrieben worden war. Sklavenarbeit in Plantagen, die zuerst in der Levante Anwendung gefunden hatte, sollte das „Charakteristikum" des neuen Kontinents werden. Auf viele Arten dienten die Inseln des östlichen Mittelmeeres als Übungsgebiete für eine großangelegte Ausbeutung der westlichen Hemisphäre. Bei der Kolonisation des Ostens im 12. wie bei jener des Westens im 16. Jahrhundert waren geistliche und wirtschaftliche Motive gleicherweise vermengt. „Wir kamen nach Amerika", schrieb Bernal Díaz del Castillo, der Begleiter Cortés', als er sich auf den von ihm eroberten Besitzungen in Guatemala zur Ruhe setzte, „para servir a Dios y hacernos ricos" – „um Gott zu dienen und reich zu werden". Die Beweggründe für die Kreuzzüge waren dieselben gewesen. „Kommt in den Osten", rief der Eroberer Bohemund, „nehmt das Kreuz, rettet das bedrohte Fürstentum Edessa für Christus und nehmt euch selbst starke Burgen, reiche Städte und Länder". Auch in Deutschland wurden in Merseburg im Jahre 1108 jenen ähnliche Belohnungen geboten, die die Elbe überqueren und den Krieg gegen die heidnischen Slawen führen wollten: „Das Land ist wunderbar, hat Fleisch, Honig, Federvieh und Weizen. Deshalb kommt hierher, ihr Sachsen und Franken, Lothringer und Flamen, denn hier könnt ihr zwei Dinge auf einmal gewinnen: Seelenheil und Landbesitz."

Sogar die Literatur dieser beiden Epochen ist einander ähnlich. Die Kreuzfahrer des 11. und 12. Jahrhunderts lebten geistig von heroischen Melodramen der „Chansons de geste" – wie dem Rolandlied; von Melodramen, die in den Werken des umherziehenden klugen Verfassers des „Cid" wieder auf den Boden der Wirklichkeit zurückkehrten. Die Konquistadoren des 16. Jahrhunderts lebten in der ebenso heroischen

Atmosphäre der „Ritterromanzen“ wie Amadis von Gallien, Palmerin von Oliva, Sergas de Esplandián; diese Melodramen kehrten in der großartigen Ironie des Spaniers Cervantes auf den Boden der Wirklichkeit zurück. Auch einige Ergebnisse ähnelten einander. Wenn die Kreuzfahrer die Lepra nach Europa einschleppten, brachten die Konquistadoren dafür die Syphilis.

Das jedoch lag noch in ferner Zukunft. Niemand hätte diese Ereignisse im 13. Jahrhundert, noch weniger im 14. Jahrhundert vorhersagen können. Denn noch vor dem Ende des 13. Jahrhunderts fand Europas erster Versuch einer Expansion ein Ende, wie es schien für immer. Die wunderbare Zeit der Zisterzienser war vorüber. Die Kolonisation begann zu stagnieren, die Bevölkerungsdichte, oder zumindest die Zuwachsrate, sank wieder. Noch einmal gehörte die Welt wie im 7. Jahrhundert den Nomaden; die eroberten Länder und Königreiche in der Levante gingen verloren. Nach Gibbons berühmtem Satz „herrschte entlang der Küste, die so lange vom Streit der Welt widergehallt hatte, ein klagendes und einsames Schweigen“.

86 Das Siegel der Templer, es zeigt zwei Ritter auf einem Pferd und symbolisiert die ursprüngliche Forderung des Ordens nach Armut und Demut. Sein Reichtum und seine Dünkel führten schließlich 1312 zu seiner Auflösung.

V Die mittelalterliche Renaissance

Jeder historische Wandel ist komplex. Gibt es große Verschiebungen auf sozialem und politischem Gebiet, so gibt es sie ebenso auf dem geistigen Sektor. Die beiden Jahrhunderte zwischen 1050 und 1250 waren eine Periode großer sozialer Dynamik. Wir haben von der „Bevölkerungsexplosion" gesprochen, von der Erschließung neuer Kraftquellen und von der plötzlichen Ausdehnung des feudalen, mönchischen Christentums über den Ärmelkanal, über die Pyrenäen, über die Elbe, bis in das Byzantinische Reich und nach Palästina. Dieser Zeitabschnitt war auch von großer geistiger Regsamkeit begleitet. Die neue Dynamik, deren eine Auswirkung die Kreuzzüge waren, hatte sogar schon vor den Kreuzzügen eine neue geistige Bewegung hervorgebracht. Vielleicht darf man sagen, daß die Kreuzzüge in gewissem Sinne einen Versuch der Kirche darstellten, diese geistige Bewegung abzuleiten und auszunützen; am Ende sollten diese intellektuellen Kräfte jedoch zunehmen und sich sogar gegen die Kirche richten. Unerwartet und unbeabsichtigt brachten sie das enge, sich selbst als Mittelpunkt empfindende lateinische Christentum in Kontakt mit neuen Welten; dieser Kontakt verursachte einen Gärungsprozeß in Europa. Ihn nannte man die „Renaissance des 12. Jahrhunderts".

Einigen Lesern wird diese Auffassung neu sein. Die Historiker des 19. Jahrhunderts akzeptierten nur die eine Renaissance des 15. Jahrhunderts, die von Michelet und Burckhardt für unseren Wortschatz geschaffen und verbindlich gemacht wurde. Die zeitgenössischen Historiker haben mit dieser Anschauung aufgeräumt. Sie haben darauf hingewiesen, daß die Wiedergeburt der antiken Wissenschaften weder einmalig noch plötzlich geschah; das christliche Europa hat den Geist der Antike nicht mit einem Mal aufgesogen, sondern in vielen kleinen

Bissen zu sich genommen, die von langen Abschnitten ruhigen Verdauens unterbrochen waren. Ich habe die Kreuzzüge mit der Eroberung Amerikas verglichen. Auf dieselbe Weise kann man die Renaissance des 12. mit jener des 15. Jahrhunderts vergleichen. Auch sie war wie die Renaissance des 15. Jahrhunderts von einer geistigen und religiösen Reformbewegung begleitet, die eine Reaktion auf den Plan rief. Es gab im 13. Jahrhundert eine Reformation und eine Gegenreformation; eine Gegenreformation, die vollständiger war und daher den Fortschritt noch wirkungsvoller vereitelte als jene des 16. Jahrhunderts. Renaissance, Reformation und Gegenreformation – alle diese Kräfte entsprossen der bestehenden Struktur. Deshalb sollten wir einen Blick auf diese Struktur werfen. Die Entstehung derartig aufregender Entwicklungen kann nicht einfach vor sich gegangen sein. Die Zeit muß voll von Spannungen, Verwicklungen und Lebenskraft gewesen sein.

Das erkennen wir allerdings nicht auf den ersten Blick. Wenn wir die Epoche der Kreuzzüge betrachten, entdecken wir vorerst nur einmütige Gläubigkeit. Die „Reformpäpste" mit ihren hohen Zielen lenkten die Bewegung; die normannischen und die deutschen Ritter verliehen ihr Kraft und Inhalt; die italienischen Städte finanzierten sie; die Zisterzienser stießen an den Grenzen vor, und die Städte errichteten ihre Kolonien. In dieser Entwicklung schienen alle Schichten in neugegründeter weltanschaulicher Harmonie glücklich vereint zu sein. Die oberste Autorität wurde niemals angezweifelt. „Durch mich regieren die Könige", erklärte der Papst – so lautete das damalige Leitmotiv der Päpste –, als er Herrscher absetzte, die nicht rechtgläubig waren, und ihre Länder gierigen, plündernden, aber rechtgläubigen Abenteurern zuerkannte; diese Abenteurer stellten die Position des Papstes natürlich nicht in Frage. Wo immer sie sich im Vormarsch befanden, wurden sie von feudalen und klösterlichen Einrichtungen begleitet. Neue Riesenburgen behaupteten ihre Macht in der Fremde, Kathedralen erhoben sich – zum Unterschied von den stämmigen, geduckten Kirchen der Angelsachsen in England oder der Westgoten in Spanien – in schwindelnde Höhe, von Palermo bis Kirkwall; und in den „Chansons de geste" wiederholte sich der arrogante, niemals angezweifelte Refrain: „Chretiens unt dreit e paiens unt tort" – Christen sind im Recht und Heiden im Unrecht. Schismatiker und Häretiker waren natürlich auch im Unrecht, vielleicht sogar noch mehr.

Dieser erste Blick gibt natürlich nur einen oberflächlichen Eindruck. Solche Perioden lautstarker Einhelligkeit, da sich alle Gesellschafts-

87 Schulszene im 12. Jahrhundert, offensichtlich eine Schreiblektion, entnommen de

schichten plötzlich geeint in heftigen Manifestationen der Rechtgläubigkeit überbieten, dauern selten lange. Sie konnten nicht lange dauern, da die Gesellschaft nicht in dieser Form strukturiert war. Die lautstarke Manifestation verdeckte nur eine innere Unsicherheit, und in Wirklichkeit wurden die Kreuzzüge von einer Gesellschaft unternommen, die sich nur in bezug auf diese gewinnbringenden Abenteuer in Einklang befand.

In allen anderen Belangen harmonierte sie ganz und gar nicht. Die Kontroversen bestanden hauptsächlich zwischen Klerus und Laien, und im Verlauf des vorangegangenen Jahrhunderts hatten sie sich zu

:itgenössischen Psalter des Eadmer, eines Mönches von Canterbury.

einem politischen Kräftemessen auf höchster Ebene verschärft, zwischen den Päpsten, die neue Ansprüche stellten und den Kaisern, die sich an die alten klammerten. Die Forderungen des Papstes waren zweifacher Art. Erstens beanspruchte er, daß der Klerus in allen Gesellschaftsschichten und in allen Belangen, die als geistlich bezeichnet werden konnten, den Laien übergeordnet sei, und daß die geistliche Rechtsprechung über der weltlichen stehen sollte. Zweitens forderte er, daß die Kirche in ihrer politischen Gestalt eine Monarchie und der Papst ihr Monarch sei. Getrennt betrachtet waren diese Ansprüche, gelinde ausgedrückt, neuartig; zusammengenommen bedeuteten sie, daß der Papst dem Kaiser übergeordnet sei. Deshalb waren sie nicht nur an sich neuartig, sondern in ihren Forderungen auch ungeheuerlich.

Ich habe geschrieben, daß diese Forderungen an sich neu waren. In ihren Anfängen war die Kirche nämlich keineswegs eine „Monarchie“ gewesen; ursprünglich war der Papst nur ein Bischof unter vielen gewesen, der keine größeren Rechte besaß als die anderen. Sogar der Titel „Papst“ hatte ihn nicht vor ihnen ausgezeichnet; andere Bischöfe wurden ebenfalls „Päpste“ genannt. Sicherlich war der Bischof von Rom ein bedeutender Mann, da Rom eine historische, dicht bevölkerte Stadt war, die der hl. Paulus und – angeblich – auch der hl. Petrus besucht hatten. Aber es gab noch andere Städte, die nicht weniger bedeutend waren: Antiochia, der Sitz der ersten christlichen Kirche; Alexandria, das geistige Zentrum des Reiches; Karthago, der Bischofssitz des hl. Cyprianus; Hippo, heute Bône in Algerien, die Stadt des hl. Augustinus. Ihre Bischöfe betrachteten den Bischof von Rom als gleichrangig. Zur Römerzeit war außerdem nie davon die Rede gewesen, daß der Klerus der weltlichen Gerichtsbarkeit übergeordnet sei. Alle Bischöfe waren nicht nur gleich, sondern auch Untertanen des Kaisers gewesen, der ihre Wahl bestätigt und sogar oft entschieden hatte. Selbst als das Weströmische Reich zerbrach, wurde die Autorität des oströmischen Kaisers in Konstantinopel von den Bischöfen der Kirche anerkannt, auch im Westen. Wir haben ja gesehen, wie unterwürfig sich selbst Papst Gregor der Große dem gewalttätigen Kaiser Phokas gegenüber ausdrückte. Justinian behandelte den Papst, wie er alle östlichen Bischöfe zu behandeln gewohnt war, nämlich äußerst grob: er sah im Erzbischof von Ravenna, nicht im Bischof von Rom, den geistlichen Führer Italiens. Abgesehen vom Kaiser wurde die oberste Autorität der Kirche von Konzilen ausgeübt, bei denen der Bischof von Rom nur ein Würdenträger unter vielen war. So präsentierte sich die Situation am Vorabend der muselmanischen Eroberungszüge, die hier wie andernorts eine entscheidende Wendung brachten.

Während sich die Muselmanen nämlich über Asien und Afrika ausbreiteten, entrissen sie dem Christentum nicht nur die fruchtbarsten Städte des Reiches, sondern auch die großen historischen Bistümer, die Rivalen Roms. Die Erzdiözese Antiochia, das Patriarchat Alexandria, Karthago, Hippo, ja alle 250 Bistümer Afrikas und die großen spanischen Diözesen gingen verloren. Und natürlich fühlte sich der Bischof von Rom den jüngeren, bäuerlichen Bistümern Europas überlegen. Er wurde in Ermangelung anderer zum geistlichen Oberhaupt des Christentums; als er sich seiner neuen Stellung bewußt wurde, schenkte er dem Kaiser in Konstantinopel immer weniger Beachtung. Auch den neuen Kaisern des Westens, den Nachfolgern Karls des Großen, zollte er so wenig Aufmerksamkeit wie möglich. Für ihn war es ungünstig, daß das neue abendländische Reich theoretisch das alte Reich fortsetzte und an den alten Rechten festhielt. Ebenso ungünstig war es für ihn, daß weltliche Fürsten und Barone eine lokale Aufsicht über die Kirche ausübten, und daß sogar der Papst in Rom von der Gnade des Kleinadels, der sich auf die kaiserliche Autorität berufen konnte, abhängig war – und es lange bleiben sollte. Aus dieser Situation entstand die Spannung zwischen Kirche und Staat, Klerus und Laien.

Die Lage spitzte sich auch durch den kulturellen Unterschied zwischen Klerus und Laien zu. In einer zivilisierten Gesellschaft ist die weltliche Aufsicht über den Klerus bis zu einem gewissen Grad notwendig. In einer primitiven Gesellschaft jedoch, in der der Klerus möglicherweise die einzige gebildete Schichte darstellt, kann eine derartige weltliche Kontrolle die Kultur ersticken. In der Zeit zwischen dem Ende des Römischen Imperiums und dem 8. Jahrhundert war aus der zivilisierten europäischen Gesellschaft eine primitive geworden. Daher hatte sich auch das Gleichgewicht zwischen geistlicher und weltlicher Kultur verschoben. In Byzanz war das nicht der Fall; dort gedieh die Profankultur, und die Kaiser beriefen kultivierte Laien zu hohen Kirchenämtern. Ein solcher Laie war Photius, der im 9. Jahrhundert Patriarch von Konstantinopel wurde – „der schreckliche Photius", wie man ihn in Rom vor allem deshalb, weil er Laie war, nannte. Photius war ein großer Gelehrter und Schirmherr der Wissenschaften, der unter anderem die griechischen Klassiker vor dem Untergang bewahrte. Als er die byzantinische Kirche aufrührerischer Mönche wegen völlig zerrüttet vorfand, rief er diese wieder zur Ordnung, indem er sie Abschriften von antiken Texten anfertigen ließ. Diesem glücklichen Auftrag verdanken wir manch profanes Meisterwerk. Im Westen jedoch war die Profankultur zusammengebrochen, und hier zeitigte die weltliche Aufsicht weit weniger lobenswerte Ergebnisse. Der Gipfel war, daß die Päpste nacheinander nach dem Willen ältlicher Kurtisanen ernannt wurden, und daß die Pfründen der Kirche von ungebildeten lokalen Magnaten vergeben wurden.

Gegen diese weltliche Aufsicht und Einmischung erhoben sich die Männer der Kirche bald, und ihr Protest ließ sie nicht nur die Freiheit des Klerus, sondern auch eine grundsätzliche Kirchenreform fordern.

Im 10. Jahrhundert forderten die Mönche von Cluny eine Klosterreform und waren sogar bereit, die weltliche Gewalt anzurufen, um ihren Wünschen Nachdruck zu verleihen. Im 11. Jahrhundert durchdrangen die Reformideen auch das Papsttum. In diesem zweiten Stadium wurde der Kampf gegen das Laientum ausgefochten. Der Schrei der Anhänger Hildebrands, des späteren Papstes Gregor VII., erschallte nicht nur nach Reform, sondern auch nach Emanzipation. Sie kämpften um die grundlegende Aufsicht über die sich selbst erhaltende, unabhängige, mächtige und monarchische Kirche. Ein derartiger Kampf war eine direkte Herausforderung an das alte System des Römischen Reiches, er war ein Frontalangriff auf die Könige, die der Meinung waren, die Rechte der römischen Kaiser geerbt zu haben. Er war auch ein indirekter Angriff auf den Kaiser in Konstantinopel, der das alte System im Osten fortzusetzen bestrebt war und der nun für seine Mühen als schismatisch bezeichnet wurde.

Alle kirchlichen Auseinandersetzungen werden vorzugsweise mit doktrinären Waffen ausgefochten und lassen neue Lehren und neue Arten von Regeln entstehen. Um den Klerus vom Laientum zu trennen, bestanden die Päpste auf der Ehelosigkeit des Klerus, und nach einem Jahrhundert des Kampfes gelang es ihnen, diese Vorschrift einzuführen. Um den Einfluß des Klerus über den Laienstand zu vergrößern, schufen sie neue Einrichtungen wie die Ohrenbeichte. Um die Forderung des Papsttums zu betonen, im Namen der vereinigten Kirche Krieg führen zu können, bildeten sie den Lehrsatz vom römischen Primat aus. Die Kirche, erklärten sie, würde von einer päpstlichen Monarchie beherrscht und nicht von einer Bischofsversammlung. Um ihre Ansprüche zu unterstreichen, verbaten sie anderen Bischöfen, sich Papst zu nennen. Es wäre ebenso absurd und unbillig, meinte einer von ihnen, zu behaupten, es gäbe mehr als einen Papst, als zu behaupten, es gäbe mehr als einen Gott. Um die unliebsamen historischen Fakten zu verdunkeln, ließen sie gefälschte Dokumente zirkulieren. Die berühmtesten von ihnen waren die „Pseudoisidorischen Dekretalien“ – erfundene Dokumente, die angebliche Aufzeichnungen der Frühkirche enthielten – und die sogenannte „Konstantinische Schenkung“, in der Kaiser Konstantin bei der Verlegung seiner Residenz nach dem Osten die irdische Gewalt über die Westprovinzen des Reiches angeblich dem Papst übertragen hätte. Schließlich erwies sich diese Schenkungsurkunde im 15. Jahrhundert als eine Fälschung; zu dieser Zeit hatte sie jedoch ihre Schuldigkeit bereits getan.

88 Papst Gregor VII. war der Hauptbefürworter einer Kirchenreform und Verfechter des päpstlichen Machtstrebens im 11. Jahrhundert (ein Gemälde aus dem 17. Jahrhundert von C. Savolini).

So wurde der Kampf mit fairen und unfairen Mitteln ausgefochten, und am Ende triumphierten die Päpste. Sie triumphierten, weil sie es fertigbrachten, die Phantasie der Menschen zu fesseln und sich ihre Interessen nutzbar zu machen, weil sie die Menschen überzeugten, daß das geistliche Leben durch die weltliche Kontrolle entwürdigt würde, und weil sie sich mit den fähigsten Männern aus Politik und Gesellschaft verbündeten – mit dem normannischen Adel, mit den neuen Orden und den neuen Städten. Das spektakulärste Ereignis während dieser langen Auseinandersetzung war die Demütigung Kaiser Heinrichs IV. zu Canossa. In einem kritischen Augenblick versuchte der Kaiser, der Erbe Karl des Großen, den Papst abzusetzen. Aber bald mußte er erkennen, daß er seine Macht überschätzt hatte. Vom Papst exkommuniziert und von den deutschen Fürsten verlassen, überquerte er mitten im Winter die Alpen, und nachdem er im Vorhof der Burg drei Tage lang warten mußte – dabei sollte er sich über seine Stellung klar werden – ließ man ihn zum Papst vor, durfte er bereuen und die Absolution für seine Anmaßung erhalten. Aber das war noch nicht das Ende des Kampfes; taktisch mag der Kaiser durch diese dramatische Geste der Selbsterniedrigung sogar mehr gewonnen als verloren haben, aber sie beflügelte die Phantasie der Menschen und ließ den Streit anschaulich und lebendig werden. Ein derartiger Kampf machte natürlich enorme Mengen von Energie frei, und in ihrer Art stellten die Kreuzzüge eine Ableitung dieser Energien dar. In der Stunde des Sieges bot sich den Päpsten die Gelegenheit, diese Kräfte, die sich bisher gegen sie gestellt hatten und die sie nun, für eine gewisse Zeit, gemeistert zu haben schienen, auszunützen und aufzubrauchen. Statt eines nutzlosen und gottlosen Kampfes gegen die Kirche, riefen die Päpste, sollten die christlichen Fürsten und Ritter ihren Segen entgegennehmen und einträgliche und ruhmvolle Schlachten in der Fremde schlagen. Das Ende einer inneren Spannung führt oft zu einer Aggression nach außen. Kräfte und Erregungen, die in inneren Auseinandersetzungen einen Höhepunkt erreicht haben, werden an diesem Höhepunkt oft gegen ein Opfer in der Fremde vereinigt. Wir besitzen zahlreiche Beispiele für diese soziologische Wahrheit. Im 11. und 12. Jahrhundert waren die Ungläubigen des Ostens ein solches Opfer, im 13. waren es die Schismatiker in Konstantinopel und die Häretiker in Albi.

Wenn die Kreuzzüge auch eine Ablenkung von den inneren Konflikten darstellten, beendeten sie diese jedoch keineswegs. In der neuen Dynamik des 11. Jahrhunderts nahm die Auseinandersetzung eine neue Gestalt an. Bei der neuerlichen Ausdehnung der Gesellschaft stand die Profankultur wieder in hohem Ansehen; während die Päpste die weltliche Bevormundung durch unkultivierte Barone öffentlich anprangerten, kam es zu Wandlungen, die diese Anklagen oft überholt erscheinen ließen. Es bildete sich nämlich ein neues Laientum, das die überheblichen Ansprüche oft nicht weniger unkultivierter Geistlicher übelnahm. Dieser neue weltliche Geist fand bald seine Führer in den Reihen des Klerus, und diese ordneten sich nicht mehr in das alte intellektuelle Schema ein. Sie waren berufsmäßige „Lehrer“, die, ohne die klösterlichen oder bischöflichen Schulen – die einzigen Schulen, die es gab – zu beachten, wie die griechischen Sophisten zur Zeit des Sokrates von Ort zu Ort zogen, und wie diese durch ihre Rastlosigkeit und ihre Betonung von „Dialektik“ und „Vernunft“ die Jugend begeisterten und die offiziellen Lehrer heftig beunruhigten. Diese Männer wandten ihre „Dialektik“ bei bereits bekannten Autoritäten an, das heißt bei lateinischen Autoren und bei den wenigen griechischen Werken, die ins Lateinische übersetzt worden waren. Das allein brachte sie schon in Mißkredit; denn der alten Garde war sowohl die „Vernunft“ als auch das Studium der Profanliteratur verdächtig. Sie meinte, die gesamte heidnische Literatur sei bereits an sich suspekt. Zumindest, fand sie, könnte die heidnische Literatur nur durch sinnvolles Streichen ent-

89 Kirche und Staat im 11. Jahrhundert. Kaiser Heinrich IV. bittet Mathilde von Tuszien und Abt Hugo von Cluny, für ihn bei Papst Gregor VII. zu vermitteln.

schärft werden; war es nicht auch einem Juden verboten gewesen, eine heidnische Gefangene – so begehrenswert sie auch gewesen sein mag – zu heiraten, außer sie schor sich zuvor das Haupt und schnitt sich die Nägel? (Deuteronomium XXI, 12)

Die berühmtesten unter diesen neuen „Lehrern“ waren Berengar von Tours, der im 11. Jahrhundert den Lehrsatz der Transsubstantiation anzweifelte, und Peter Abaelard, dieser Sokrates unter den späten Sophisten, der die erste Hälfte des 12. Jahrhunderts beherrschte und seine begeisterten Schüler lehrte, daß man kein Buch zensurieren und stets auf die Vernunft hören sollte. Sowohl Berengar als auch Abaelard wurden verdammt. Die berühmtesten Konservativen waren Petrus Damiani, der mit gerechtem Zorn gegen derartig eitle Überflüssigkeiten wie Grammatik und Philosophie wetterte, und der hl. Bernhard selbst, der Abaelard – sowie alle anderen fortschrittlichen Denker – mit argen Verunglimpfungen verfolgte.

Das geistige Leben Europas war also bereits vor den Kreuzzügen wieder erwacht, und die Kreuzzüge, die anfangs die Spannungen im Christentum zu verschieben, seine gegensätzlichen Kräfte zu vereinen und zu begeistern schienen, brachten schließlich neue Impulse für eine Gesellschaft, die reif war, sie aufzunehmen. Denn der bloße Kontakt zwischen Gesellschaftssystemen genügt nicht, um eine geistige Wende herbeizuführen. Gesellschaftsformen sind gemäß ihrer Sozialstruktur und ihrer gesellschaftlichen Eigenart dafür empfänglich oder nicht. Manche Gesellschaftssysteme sind, so wie manche Menschen, durch hartnäckige Vorurteile immun und können von einer Kontaktnahme nicht profitieren. Ich glaube nicht, daß Portugal oder Schottland heute selbst aus einem Kontakt mit dem Mond viel lernen könnten, obwohl Portugal im 15. und Schottland im 18. Jahrhundert durch auswärtigen Einfluß zu großen Fortschritten angeregt wurden. Europa war im 12. Jahrhundert jedoch ebenso aufgeschlossen wie aggressiv, und deshalb waren die Ergebnisse seiner Kontaktnahme mit dem Osten ungeheuer groß. Sie waren mit der ebenso aggressiven und ebenso fruchtbaren Kontaktnahme des ungebildeten Rom mit den Wissenschaften Griechenlands im 2. Jahrhundert v. Chr. vergleichbar.

Und wieder einmal kam es zu einer Kontaktnahme mit Griechenland – diesem unerschöpflichen Sammelbecken von Gedankengut. Die Araber selbst hatten, ungeachtet der bedeutenden Zivilisation, die sie hervorgebracht hatten, nur wenig Eigenes zu bieten. Sogar die arabischen Ziffern, die nun nach Europa kamen, waren in Wirklichkeit indisch; die Araber waren nur Vermittler – aber ihre Dienste als Vermittler besaßen für Europa ungeheure Bedeutung. Denn als die Araber Asien erobert hatten, waren auch sie empfänglich gewesen und hatten in den griechischen Städten Kleinasiens alles das aufgenommen, was die arabischen Schriftsteller später ehrfürchtig „die Wissenschaft der Griechen“ nennen sollten. Sie begegneten diesen Wissenschaften jedoch nicht nur in griechischen Städten. Einer der großen Vorteile der Strenggläubigkeit ist der Anstoß, den sie zur Verbreitung der Wissenschaften gibt. Mit der Vertreibung der Kalvinisten aus Spanien durch Philipp II., mit der Vertreibung der Hugenotten durch Ludwig XIV. und mit der Vertreibung der Juden durch Hitler wurde der übrigen Welt ein Dienst erwiesen. Ähnliche Ergebnisse erzielten zwei strenggläubige griechische Kaiser; Zeno schloß die häretische Philosophenschule in Edessa, dem „syrischen Athen“, ein halbes Jahrhundert später schloß Justinian die heidnische Akademie in Athen und trieb die Lehrer der griechischen

90 Abaelard und Héloise, Lehrer und Schülerin, die zu einem Liebespaar wurden. Eine Darstellung aus dem 14. Jahrhundert auf einem Kapitell.

Philosophie nach Persien ins Exil. Als die Araber dann Persien einnahmen und ihr riesiges Reich – wie so häufig – mit Hilfe einer persischen Bürokratie regierten, fanden sie auch dort die griechischen Wissenschaften vor und beeilten sich, diese zu übernehmen. Syrische Übersetzer wurden beauftragt, die griechischen wissenschaftlichen und philosophischen Texte ins Arabische zu übersetzen, und im ganzen Reich, von Chorasan bis nach Spanien, versahen gelehrte Männer die neuen Schriften mit Kommentaren. Die beiden arabischen Gelehrten, die auf Europa den größten Einfluß ausübten – beide wurden in ihrer Heimat als Häretiker betrachtet – kamen aus diesen beiden Grenzgebieten des Islam. Das universelle Genie des Islam, Avicenna (Ibn Sina) war ein Perser aus Chorasan, und sein gelehrtester Schüler, der Aristoteliker Averroës (Ibn Roschd), der nach Dantes Worten „den großen Kommentar verfaßte", kam aus Cordoba in Spanien.

Die Entdeckung, daß neben den Byzantinern auch die Araber den Schlüssel zu diesen Weisheiten besaßen, versetzte Europa bald in Aufregung, und an jedem Ort der Kontaktnahme versuchten die neuen „Lehrer“ und ihre begeisterten Schüler, sich diese anzueignen. Ein wichtiger Ort der Begegnung war Süditalien. Es befand sich zwar unter normannischer Herrschaft, war jedoch lange Zeit ein Teil des Byzantinischen Reiches gewesen, und man sprach dort immer noch griechisch. In Süditalien hatte sich auch das byzantinische – das heißt das römische – Recht lange Zeit erhalten. Von dort, scheint es, kam nun der Codex des Justinian. Ein italienischer Gelehrter, Irnerius, hielt in Bologna Vorlesungen darüber, und ein anderer, Vacarius, der einen normannischen Prälaten nach England begleitete, lehrte darüber in Oxford. In Süditalien war auch die griechische Medizin erhalten geblieben, und zwar in Salerno, einem bekannten römischen Kurort südlich von Neapel, der im 10. Jahrhundert als Zentrum der Medizin berühmt wurde. Von Salerno aus verbreiteten sich nun die Werke der großen griechischen Naturwissenschafter Hippokrates und Galen über das mittelalterliche Europa und erlangten überragende Bedeutung. Ein zweiter Ort der Begegnung war Konstantinopel, wo die Kaufleute aus Venedig und Pisa ihre Kontore eröffneten. In ihrem Kielwasser kamen Übersetzer – Jakob von Venedig, Moses von Bergamo –, um die Werke der griechischen Philosophen und Kirchenväter ins Lateinische zu übertragen. Andere Übersetzer folgten den Kreuzfahrern direkt nach Syrien. Das bedeutendste Zentrum war jedoch Spanien, wo der Erzbischof des wiedereroberten Toledo eine Übersetzerschule leitete und wo die spanischen Juden, die ein Jahrhundert zuvor die Welt des Islam mit europäischen Sklaven versorgt hatten, dem Christentum nun die arabischen Ausgaben griechischer Schriftsteller verschafften.

An all diesen Orten der Kontaktnahme trafen Gelehrte aus ganz Nordeuropa zusammen. Da gab es den weitgereisten Engländer Adelard von Bath, der in Spanien, Sizilien, Syrien und Palästina gewesen war; den Italiener Gerhard von Cremona, der nach Spanien gekommen war, um den „Almagest“ des Ptolemäus aufzutreiben, und blieb, um 70 andere Werke zu übersetzen. Da waren der Österreicher Herrmann von Kärnten, der das ptolemäische Werk „Planisphairion“ wiederfand, und der Engländer Robert von Chester, der die arabische „Algebra“ übersetzte; und eine große Schar anderer, durch die die „Wissenschaft der Griechen“ (allerdings durch verschiedene Schichten von Übersetzungen und Kommentaren getrübt) nach Europa kam: die Philosophie des „neuen Aristoteles“ – das heißt die wissenschaftlichen Werke des Aristoteles, die zuvor nicht in Latein verfügbar gewesen waren –,

91, 92 Arabische Illustrationen: Aristoteles mit seinem Schüler Alexander dem Großen, *(rechts)* eine imaginäre Begegnung zwischen Sokrates und Alexander.

die ptolemäische Astronomie, die Naturwissenschaft des Heron von Alexandrien, die Mathematik des Euklid und des Archimedes und die Medizin des Hippokrates und des Galen. Sogar ein Abt von Cluny beteiligte sich an diesen Bemühungen und übersetzte den Koran – um ihn zu widerlegen.

Neue geistige Entwicklungen bringen in der Regel neue Institutionen mit sich. Die Kreuzzüge waren das Werk feudaler und mönchischer Institutionen gewesen. Jedoch der Gärungsprozeß, der sie vorwärtstrieb, unterminierte sie beide. Die Städte und die höfische Beamtenschaft hatten aus diesem Gärungsprozeß Vorteile gezogen. Die italienischen, sogar die rheinischen und flämischen Städte, die in den östlichen Mittelmeerländern oder in Osteuropa Kolonien und Kontore eingerichtet hatten, stellten nun eine finanzielle Macht dar, und aus ihnen wuchs

بسم الله الرحمن الرحيم

وما توفيقي الا بالله

جوامع المقالة الاولى من كتاب جالينوس في المعجونات وهي التي ذكر فيها

صه بنفسه يحيى النحوي الاسكندراني على جهة الجوامع اخرجه لانه اسقط ما لا يحتاج اليه من الكتاب

مع التي يحتاج اليها فصيرها اساسا وبنى عليها كتابه   ذكر اسما الاطبا الذين الفوا الدرياق واحد بعد واحد

ده كل واحد منهم على صاحبه ممن تقدمه ونقصانه عنه وهم تسعه

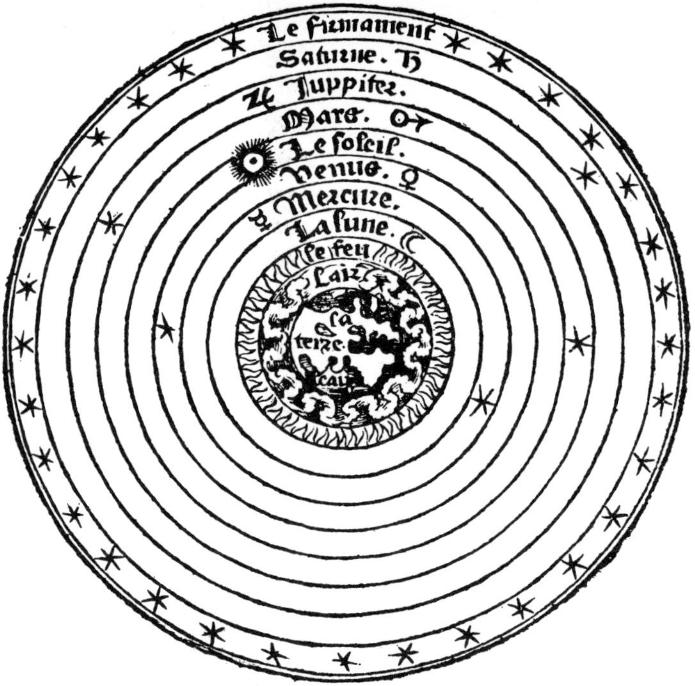

94 Das geozentrische Universum des Ptolemäus mit den „Sphären" aus Erde, Luft, Feuer, Mond, Sonne, den fünf Planeten und der Fixsterne (aus einer Darstellung des 16. Jahrhunderts).

eine einflußreiche, kultivierte Schicht von Patriziern hervor, die von neuem Bürgerstolz erfüllt waren. Auch die christlichen Könige lernten nun an den östlichen Vorbildern neue Regierungsmethoden kennen, die sie daheim anwenden konnten.

Die stärksten Auswirkungen waren fraglos dort fühlbar, wo der Kontakt am engsten war, nämlich in den italienischen Städten, die die Kreuzzüge finanzierten und förderten, und bei den Normannen oder normannisierten Herrschern, die sie anführten. Ebenso wie die normannischen Barone, die sich in Palästina niederließen, bald ihren Lebensstil änderten, taten dies auch die normannischen oder normannisierten Dynastien, die daheim an den Kreuzzügen profitierten. Aus den normannischen Königen Siziliens wurden orientalische Fürsten und – ähnlich den arabischen Herrschern – Förderer von Dichtern und Philosophen. Ihre Kanzleien wurden in Latein, Griechisch und Arabisch geführt. Ihr deutscher Nachfolger, Kaiser Friedrich II., der „getaufte Sultan von Sizilien", wie er genannt wurde, ging noch einen Schritt

93 Galen, das medizinische Orakel des Mittelalters, war ein griechischer Arzt am Hofe Mark Aurels. Seine Arbeit über Latwerge (Arzneien, Gemisch von Pulvern mit Sirup oder Pflanzenmus) kam in arabischer Übersetzung nach Europa; diese Seite zeigt sein Porträt (unten rechts) zusammen mit jenen anderer antiker Ärzte.

weiter. Er war von einem arabisierten Hofstaat umgeben, besaß einen umfangreichen, von Eunuchen bewachten Harem und förderte Dichter aus Italien, arabische und hebräische Gelehrte. Von den herrlichen Provinzen am Mittelmeer verlockt, verließ er Deutschland um des Südens willen und übersäte Sizilien und Apulien mit bizarren polygonalen Burgen und befestigten Jagdhäusern. Hier kneipte er in beklagenswerter Vertraulichkeit mit gleichfalls geistreichen Muselmanen, gegen die er eigentlich hätte Kreuzzüge führen sollen; hier widmete er sich seiner Lieblingsbeschäftigung, dem arabischen Sport der Falknerei, über die er eigenhändig eines der meistgelesenen und großartigsten Lehrbücher schrieb. Er beschaffte sich arktische Gierfalken, die ihm von deutschen Händlern aus dem entlegensten Nordwesten Islands gebracht wurden; er besaß wilde Habichte aus Malta und holte sich ausgebildete Falkner aus Arabien. Wohin er auch ging, seine reisende Menagerie folgte ihm,

95 Zeitgenössisches Relief Kaiser Friedrichs II. mit einem seiner Söhne; es spiegelt den arabischen Prunk seines Hofes wider.

96 Eine der architektonischen Überspanntheiten Friedrichs II., Castel del Monte in Apulien, ein achteckiger Bau mit acht achteckigen Türmen.

und er verschenkte Polarbären und weiße Pfaue an seine arabischen Freunde, von denen auch er ähnliche Raritäten erhielt: eine Giraffe vom ägyptischen Sultan und eine komplizierte astronomische Uhr vom Sultan von Damaskus. Friedrichs großes Verdienst bestand darin, daß er Jerusalem, das an die Ungläubigen verloren gegangen war, durch Verhandlungen anstelle von Krieg zurückgewann und dort zum König von Jerusalem gekrönt wurde. Das fanden die feuerfressenden Päpste besonders schändlich; Friedrich wurde damals exkommuniziert, und es wurde ein Kreuzzug gegen ihn gepredigt. Der Papst nannte ihn abwechselnd Muselmane und Atheist, und sein Name verfehlte nie, den heiligen Zorn der Stellvertreter Christi auszulösen.

Friedrich II. war sich selbst Gesetz. Seine Zeitgenossen nannten ihn „Stupor mundi". Keiner konnte sich mit ihm vergleichen. In kleinerem Maßstab war der englische König Heinrich II. ein halbes Jahrhundert

früher beinahe ebenso erfreulich gewesen; er war der Neffe zweier Könige von Jerusalem und Herrscher eines bunten Reiches vom Cheviot bis zu den Pyrenäen – seine Besitzungen erstreckten sich bis in das häretische Languedoc und seine Töchter heirateten in die arabisierten Fürstenhäuser Siziliens und Spaniens ein. Während seiner Regentschaft trat England in fruchtbaren Kontakt mit Sizilien. Heinrich selbst war ein gebildeter, sprachkundiger Förderer von Kunst und Wissenschaften, und seine Finanzverwaltung und Rechtspflege wurden in Europa bewundert. Auch er stand in Rom wegen seines Widerstandes gegen den unverträglichen Erzbischof von Canterbury, Thomas Becket, in Mißkredit.

Indirekt unterstützte der neue Reichtum der Städte diese höfischen Verwaltungsapparate; die Könige gewährten Handelsprivilegien und führten dafür Steuern ein. Der Papst wandte sich an die Kaufmannschaft der Städte, als er einen Kreuzzug vorbereitete, um die „Schlangenbrut", wie er die Nachfolger Friedrichs II. nannte, aus Neapel und Sizilien auszuräuchern. Eine Gruppe emigrierter florentinischer Kaufleute finanzierten ihn; in der Folge entwickelten sie sich, sehr zu ihrem

97, 98 Der von Friedrich II. bevorzugte Sport der Falknerei ist Gegenstand eines elfenbeingeschnitzten Kästchens für Prinz Almaqueira von Cordoba, und *(gegenüberliegende Seite)* eines Reliefs des späten 13. Jahrhunderts auf der Fontana Maggiore in Perugia.

Vorteil, zu den zahlungskräftigen Financiers für Florenz, Rom und das neue Königreich der Anjous in Neapel.

Aber die vielleicht bedeutsamste Neuerung, zu der es während der Renaissance des 12. Jahrhunderts kam, waren die Universitäten. Die „Lehrer", die „Sophisten" des 11. Jahrhunderts, waren bereits außerhalb der alten Domschulen gestanden. Das neue Wissen, das ihnen durch die Araber zur Verfügung gestellt worden war, vermehrte ihren Einfluß, und langsam bildete sich rund um ihre Personen ein Kreis von Schülern. Der Ort, an dem sich diese Vereinigungen niederließen, war oft zufällig gewählt. Sie wurden nicht wie die späteren Universitäten vom Landesfürsten in der Residenzstadt „gegründet" – obwohl Friedrich II. auch dabei eine Ausnahme bildete und die Universität von Neapel gründete. Sie bildeten sich in der Regel nicht einmal in Bischofsstädten, sondern als Gemeinschaften rund um einen Lehrer, der interessant genug war, um Studenten an sich zu ziehen. Die erste Universität, Bologna, entstand rund um Irnerius, den Gelehrten des römischen Rechtes. Salerno entwickelte sich aus der bodenständigen medizinischen Schule. Die Pariser Universität, das Modell für die Universitäten im

Norden, verdankte ihr Entstehen vielleicht in höherem Maß der Lehre Abaelards als der Domschule von Notre Dame, die ihre räumliche Grundlage war. Oxford war zwar nicht einmal Bischofsstadt (diesen Rang erhielt es erst in der Reformation), aber Vacarius lehrte hier. Dem Lehrer kam – wie überall und immer – größere Bedeutung zu als dem Ort.

Da die Universitäten weitgehend von umherreisenden Lehrern abhängig waren, waren sie selbst ebenfalls beweglich. Wie die neuen Städte stellten sie eine Ansammlung von Menschen nach eigenen Gesetzen dar; wenn nötig, konnten sie fortziehen. Sie waren wie Bienenschwärme; und obwohl sie immer umherschwirrten und auch oft unangenehm waren, bemühten sich Fürsten und Städte darum, sie zu gewinnen, und behandelten sie liebevoll, um sie zum Bleiben zu bewegen. Die Universität Paris drohte zweimal, 1229 und 1239, auszuziehen. Orléans verdankte seinen Ruf als Schule für kanonisches Recht einem solchen Auszug aus Paris. Padua – später die größte aller naturwissenschaftlichen Universitäten – wurde von Auswanderern aus Bologna gegründet. 1209 verließ eine Gruppe Gelehrter Oxford, siedelte sich in Cambridge an, und ein Teil von ihnen blieb dort.

Neue bürokratische Regierungen, neues städtisches Leben, neue Universitäten – das waren die neuen Züge der Gesellschaft in der Zeit der Renaissance des 12. Jahrhunderts. Alle diese Entwicklungen gingen auf Kosten der feudalen und der klösterlichen Einrichtungen, die im 11. Jahrhundert die Stoßtrupps des europäischen Durchbruchs gewesen waren. Wenn wir jedoch auf die beiden nachfolgenden Jahrhunderte blicken, müssen wir unsere Begeisterung bremsen. Wir sehen, daß der Fortschritt, der sich abgezeichnet hatte, nicht fortgeführt werden konnte. Überall erschöpften sich die neuen Einrichtungen nach einem großartigen Start. Anstatt die alten Gesellschaftsfunktionen zu ersetzen, unterlagen sie ihnen. Auch wenn die Feudalordnung nicht mehr länger in der Lage war, der Gesellschaft echte Kraft und Einheit zu geben – denn die abendländischen Monarchien waren Anarchien, die nur durch die Beamtenschaft und den militärischen Vormarsch an allen Grenzen zusammengehalten wurden –, blieb sie, als käufliches Patronatsrecht und von einem altmodischen Rittertum glorifiziert, trotzdem erhalten. Aber auch wenn die Klöster in konservative Starre versanken, überlebten sie als Großgrundbesitzer, als um so ärgere Parasiten. Auch als das Papsttum seine Forderungen den Königen gegenüber nicht durchsetzen konnte und seine Geschichte in zunehmendem Maße unerbaulich

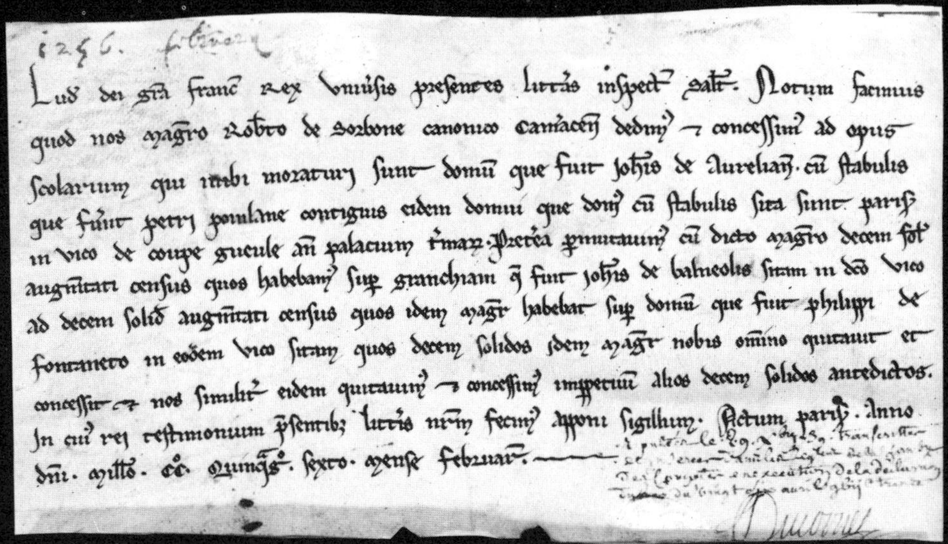
1256. février

Lud dei gratia franc rex universis presentes litteras inspecturis salutem. Notum facimus quod nos magistro Roberto de Sorbone canonico Carnotensi dedimus et concessimus ad opus scolarium qui ibidem moraturi sunt domum que fuit Johannis de Aurelianis cum stabulis que fuerunt Petri pouilane contiguis eidem domui que domus cum stabulis sita sunt paris in vico de coupe gueule ante palacium Termarum. Preterea permutavimus cum dicto magistro decem sol augustalium census quos habebamus super granchiam que fuit Johannis de balneolis sitam in dicto vico ad decem solidos augustalium census quos idem magister habebat super domum que fuit Philippi de fontaneto in eodem vico sitam quos decem solidos idem magister nobis omnino quitavit et concessit et nos similiter eidem quitavimus et concessimus imperpetuum alios decem solidos antedictos. In cuius rei testimonium presentibus litteris nostrum fecimus apponi sigillum. Actum paris. Anno domini millesimo ducentesimo quinquagesimo sexto mense februario.

99 Eine Handschrift von 1256 enthält die Schenkung eines Hauses durch König Ludwig den Heiligen zur Unterbringung von Lehrern und Studenten.

wurde, gelang es ihm trotzdem, jede Häresie zu vernichten. Es brachte sowohl die Universitäten als auch die neuen Lehren unter seine Kontrolle. Paris und Oxford wurden Hochburgen des Konservatismus. Nach fünfzigjähriger Verdammung durch die Pariser Universität wurde Aristoteles schließlich akzeptiert, umgeändert und von einem großen Anreger in ein riesiges Hindernis für den geistigen Fortschritt verwandelt. Auch die Städte, die mit ihren erblichen Patrizieroligarchien durch Privilegien und Steuergüter an den Staat gebunden waren, hörten schließlich auf, ein radikaler Faktor zu sein. Die Renaissance des 12. Jahrhunderts scheint im Rückblick eine Frühgeburt, ja so sehr mißglückt zu sein, daß die Historiker des 18. und 19. Jahrhunderts sie kaum wahrnahmen. Wodurch wurde diese lange, törichte und erfolgreiche Gegenströmung verursacht? Im Zuge dieser Überlegung müssen wir, glaube ich, erkennen, daß jede Reaktion, die über eine große Zeitspanne hinweg erfolgreich sein soll, radikale Ursprünge haben muß. Es gibt wohl so etwas wie eine seichte, leblose und unverständliche Reaktion, sie währt jedoch selten länger als eine Generation; sie stirbt mit der Generation, die die Wende erkannt und ihr Widerstand geleistet hatte. Andererseits muß eine Gegenströmung, die von Dauer sein und von mehreren Menschenaltern als richtig erkannt werden soll, denselben sozialen Begleitumständen entspringen wie der Fortschritt, dem sie entgegenwirkt. Sie muß ihrer Zeit wie eine andere Art des Fortschrittes erscheinen. Ich glaube, wir können die Wurzeln der Reaktion des 13. Jahrhunderts erkennen, wenn wir einen der Begleitfaktoren der Renaissance des 12. Jahrhunderts betrachten: die Häresie.

Denn das 12. Jahrhundert war eine große Epoche der Irrlehren, die stets ein untrügliches Kennzeichen geistigen Lebens sind, während weltanschauliche Uniformität ein untrügliches Kennzeichen geistiger Stagnation ist. Irrlehren entspringen nicht immer intellektuellem Zweifel, oft werden sie – wie wir es im Römischen und Persischen Reich sehen konnten – von sozialen oder politischen Umständen geschaffen, von einer Opposition gegen die herrschende Klasse oder der unterdrückten Völker gegen das Herrenvolk. Sie wird jedoch stets durch die Entrüstung der Laienkreise über klerikale Privilegien und Anmaßungen verschärft. Wie Thomas Hobbes auf seine etwas summarische Art schrieb, kann jeder Wandel in den Religionen der Welt auf „ein und denselben Grund" zurückgeführt werden, „und der ist eine unangenehme Priesterschaft". Im 12. Jahrhundert konnten die Geistlichen wirklich recht unangenehm sein. Die Anhänger Gregors VII. hatten für eine unabhängige Kirche gekämpft, sie konnten jedoch die Qualität des weitentfernten und niederen Klerus nicht verbessern. Sie hatten den Klerus in eine disziplinierte Partei umgewandelt und ihm eine unglückselige Gelegenheit zur Machtausübung gegeben. Nun wandten sich eine gebildetere Laienschaft und ihre neuen geistlichen Führer mit Begeisterung der Vergangenheit zu und fanden – wie auch die Reformatoren des 16. Jahrhunderts finden sollten –, daß sich die etablierte Kirche ihrer Tage von dem alten Vorbild, dem sie nacheifern sollte, stark unterschied. Wie anders, meinten die kultivierten Beamten eines Heinrich II. oder Friedrich II., war die Kirche eines Konstantin oder sogar jene eines Theodosius gewesen, die von den weltlichen Herrschern in ihre Schranken gewiesen worden war. Und wie anders, meinten einfachere Menschen, die kein besonderes Verlangen danach verspürten, den Mißbrauch der Macht vom Klerus auf die weltlichen Beamten übergehen zu sehen, war erst die vorkonstantinische Kirche gewesen, die Kirche der Apostel, der Katakomben und der Verfolgungen; eine Kirche ohne Papst, ohne adelige Bischöfe, ohne reiche Ausstattungen, ohne heidnische Lehrsätze und ohne Satzungen, die nur dazu dienten, ihren Reichtum und ihre Macht zu vergrößern.

 die wirtschaftliche Expansion Europas, die Ansammlung gebildeter

100, 101 Die Wiederentdeckung der griechischen Philosophie. Mittelalterliche Glasfenster aus Deutschland mit Plato *(links)* und Aristoteles.

Kaufleute und armer, aber organisierter Handwerker – Weber in Flandern und der Lombardei, Bergarbeiter in Böhmen und Sachsen – brachte diesen Lehren in den Städten eine Zuhörerschaft, die fühlte, daß sie den einfachen Aposteln Christi weit näher stand als jener Bischof, dessen blutiges Kettenhemd von seinem Besieger mit jener ironischen Frage an den Papst geschickt wurde, die Josephs Brüder dem Jakob stellten: „Weißt du, ob dies deines Sohnes Rock ist"; oder als dieser unglückliche Erzdiakon, der, nachdem er das Heilige Land erreicht hatte, von den Ungläubigen überrascht und durchbohrt wurde, während er in einem duftenden Obstgarten tändelte.

Diese Ansichten sind sicherlich nicht nur für das 12. Jahrhundert typisch. Sie sind der Hauptinhalt jeder Irrlehre. Im 12. Jahrhundert wurden sie allerdings lautstärker geäußert und eifriger gehört als je zuvor. Damals kam es zu einem allgemeinen Ausbruch, der in seinem Verlauf verschiedene Formen annahm. Da gab es Männer wie Pierre de Bruys, der die Kindertaufe verwarf und eine Kirche von Konformisten in eine Sekte von Gläubigen verwandeln wollte, Arnold von Brescia, einen Schüler Abaelards, der die irdische Macht des Papstes ablehnte und genug Anhänger fand, um für kurze Zeit eine römische Republik zu errichten. „Solche Ansichten", schrieb Hume über einen späteren Denker, „erschienen nicht rechtgläubig, und somit war es notwendig, ihre Befürworter den Flammen zu übergeben." Es gab auch Männer – einer von ihnen wurde 1209 in Paris verbrannt –, die erkannt haben wollten, daß der Papst der Antichrist sei, und es gab zahllose Sekten, die nach den evangelischen Tugenden und in apostolischer Armut lebten wie die der Humiliaten in der Lombardei und die Waldenser. Messianische Propheten traten auf, die das baldige Ende der Welt in genauen Einzelheiten vorhersagten; Asketen peitschten sich entlang der bevölkerten Straßen der Städte und riefen zur Buße auf. Alle diese Sekten waren, ebenso wie die Kirche, international; sie waren, wie Päpste und Bischöfe widerstrebend zugaben, durch die Zerrüttung der internationalen Kirche entstanden. Um mit diesem Problem fertig zu werden, rottete die Kirche die verwegensten Führer dieser Sekten aus und suchte die weniger dreisten zu überzeugen. Die bemerkenswertesten Triumphe der Kirche stellten die Vernichtung der Albigenser und die Unterwerfung der Bettelorden dar, die die „heilige Armut" predigten.

Die Albigenser waren die radikalsten und asketischesten Häretiker. Wie so manches Gedankengut des mittelalterlichen Europa stammte ihre Lehre aus Persien; es handelte sich um den alten manichäischen Dualismus, der im 4. Jahrhundert mit dem Christentum gewetteifert hatte, und der nun als schwärmerische christliche Irrlehre nach einer weiten Reise durch Byzanz, Armenien und Bulgarien zurückgekehrt war. Dank frommer Missionare und einer erstaunlichen Organisation hatte sich diese Irrlehre im 12. Jahrhundert plötzlich über ganz Europa ausgebreitet; das war ein sicheres Anzeichen für eine allgemeine Aufruhrstimmung gewesen. Mit einer eigenen Laienschaft, eigenem Klerus, eigenen Bischöfen und internationalen Konzilen forderte sie Rom heraus, ohne die Möglichkeit eines Kompromisses in Betracht zu ziehen. Man schloß keine Kompromisse; ihre Anhänger leisteten Widerstand bis zuletzt. „Wenn das Blut der Märtyrer wirklich der Samen der Kirche wäre“, schrieb der große Fachmann der Inquisition, H. C. Ley, „dann würde heute der Manichäismus die bedeutendste Religion Europas sein.“ So lange diese manichäischen Häretiker über ganz Europa verstreut waren, meinte die Kirche, mit ihnen auskommen zu können. Man mochte vielleicht nicht imstande sein, sie zu vernichten, konnte sie jedoch tolerieren. Eine wirkliche Gefahr für die Kirche entstand erst dann, als diese internationale Untergrundbewegung eine lokale Basis und einen fürstlichen Gönner fand. Die lokale Basis lag im Südwesten Frankreichs, im Languedoc. Dieses Grenzgebiet, das sich von Nordfrankreich rassisch unterschied, war ein geeigneter Aufenthaltsort für Irrlehren. Der fürstliche Protektor war der Graf von Toulouse, „der größte Graf auf Erden“ – wie er von den Troubadouren seines fröhlichen und gebildeten Hofstaates genannt wurde –, „der Kaisern und Königen ebenbürtig war“. Diese Konstellation war für die etablierte Kirche ebenso gefährlich wie die Verbindung des Kurfürsten von Sachsen mit Luther.

Die Kirche wollte kein Risiko eingehen, daher wurde zum Kreuzzug aufgerufen. Das Land des Grafen wurde als anheimgefallen erklärt und jenem rechtgläubigen Fürsten zugesprochen, der es erobern würde. Eine Armee räuberischer normannischer Krieger leistete diesem Ruf Folge. Die Irrlehre wurde schließlich in Strömen von Blut erstickt; zu Ende des Jahrhunderts blickten eine neuerrichtete Kathedrale von Albi und eine neue Universität von Toulouse, die als Bollwerk für den wahren Glauben errichtet worden waren, über ein verheertes, aber rechtgläubiges Land.

Inzwischen wurde eine andere große Institution ersonnen, die die Kluft zwischen Häresie und Orthodoxie überbrücken sollte. Denn diese Kluft war nicht unbedingt weit und tief. Die meisten häretischen Bewegungen begannen im Schoß der Orthodoxie, und einer politischen Kirche gelang es immer, zumindest einige von ihnen vom endgültigen Abspringen zurückzuhalten. Die römische Kirche besaß diese politische Klugheit; zumindest im 13. Jahrhundert; „die römische Kirche“, schrieb Macaulay, „versteht es wie keine andere Kirche, mit Begeisterten umzugehen“.

„In einigen Sekten, besonders in den neuen, besteht die Gefahr, daß die Begeisterung überhandnimmt. In anderen, besonders in lang bestehenden und reich ausgestatteten Sekten wird diese scheel angesehen. Die katholische Kirche überläßt sich weder dem Enthusiasmus, noch fordert sie ihn, aber sie gebraucht ihn ... Stellen wir uns Ignatius von Loyola in Oxford vor. Er wäre sicherlich das Oberhaupt einer großen Kirchenspaltung geworden. Stellen wir uns John Wesley in Rom vor. Sicherlich hätte er es zum Vorsitzenden einer neuen Gesellschaft für die Interessen und den Ruhm der Kirche gebracht. Versetzen wir die hl. Theresa nach London – ihre rastlose Begeisterung hätte sich in Tollheit, gemischt mit einer gewissen Schläue, gewandelt. Sie wäre die Prophetin, die Mutter der Gläubigen geworden, hätte mit dem Teufel gesprochen und ihren Verehrern vollkommene Ablässe gewährt ... Versetzen wir Johanna Southcott nach Rom. Sie hätte einen Orden barfüßiger Karmeliterinnen gegründet, von denen jede bereit gewesen wäre, ihr Leben für die Kirche zu opfern; festliche Gottesdienste würden zu ihrem Andenken gefeiert, ihre Statue würde über dem Weihwasserbecken stehen und von keinem Besucher von St. Peter übersehen werden.“ Macaulay schreibt hier über die Gegenreformation des 16. Jahrhunderts. Genauso könnte er jedoch über die des 13. Jahrhunderts geschrieben haben. Angesichts dieses umfassenden Ausbruchs von Irrlehren hätte die römische Kirche kein Mittel gescheut, um die Revolte niederzuschlagen; aber sie konnte auch einige Radikale für sich gewinnen. Aus deren Begeisterung erwuchsen ihr Verbündete und konnte sie Waffen schmieden, die die Häresie in ihrem eigenen Feld schlagen sollten. Ihr Ziel war es, den gefährlichen Sturzbach „religiöser Verzückung“ abzuleiten, zu zähmen, die wilden Fluten in Bahnen zu lenken, und den schwerfälligen Kahn der Rechtgläubigkeit schließlich auf den Wogen, die ihn zu begraben gedroht hatten, wieder flott zu machen. Dem Weltklerus fehlte es an Zeit und an Eifer, um sich dieser Aufgabe zu widmen. Die alten Einrichtungen des Mönchstums konnten diesen neuen Erfordernissen nicht dienen. Das Papsttum setzte daher auf die jungen Bettelorden, und die Inquisition wurde in zunehmendem Maße zu seinem ausführenden Organ. Die beiden ersten Bettelorden, die Dominikaner und die Franziskaner, entstanden unmittelbar aus der Glaubenskrise des 12. und 13. Jahrhunderts. Der hl. Dominikus begann als Prediger unter den Albigensern des Languedoc. Der hl. Franziskus erinnert mit seiner Verehrung der Armut an andere asketische Sekten. Aber obwohl diese anderen Sekten in die Häresie getrieben oder geführt wurden und obwohl auch die frühen Lehren des hl. Franziskus später als häretisch erklärt werden sollten, entschloß sich die Kirche während der Krise des 13. Jahrhunderts, sich dieser neuen Verbündeten zu bedienen, die mit den Häretikern in ihrer eigenen Sprache reden

102 Nach dem „Kreuzzug“ gegen die Albigenser wurde 1277 die befestigte Kathedrale von Albi als Hochburg der Rechtgläubigkeit errichtet.

103 Der hl. Dominikus und der hl. Franziskus, die Gründer der neuen Bettelorden, die das Papsttum in die Lage versetzten, im 13. Jahrhundert über die Irrlehren zu triumphieren. Das angebliche Treffen bei Icontro ist von Andrea della Robbia dargestellt worden. (Terrakottaplastiken an der Loggia di San Paolo in Florenz, 15. Jahrhundert).

konnten. Dank dieser neuen Heerscharen, die der Kirche direkt unterstanden und keinerlei Verwaltungsarbeiten zu erledigen hatten, konnte die Kirche eine neue zentrale Organisation zur Zurückdrängung der Irrlehren schaffen, die von den Kanonisten eiligst mit einem furchtbaren Prozeßverfahren und – als neue Einrichtung in Europa – mit der Folter als Mittel der Rechtsprechung ausgestattet wurde. Die Unterstützung, die das Papsttum den Vorschlägen des hl. Dominikus und des hl. Franziskus nach langem Zögern gewährte, kennzeichnete den Beginn der kontinuierlichen mittelalterlichen Gegenreformation; die erfundene Begegnung der beiden Heiligen in Incontro in den toskanischen Bergen wurde zu einem beliebten Thema in der katholischen Kunst. So konnte Gibbon schreiben, daß sich die Päpste des frühen 13. Jahrhunderts „der beiden bedeutendsten Siege über Geist und Menschlichkeit rühmen konnten, der Schaffung der Lehre von der Transsubstantiation und der Errichtung der Inquisition".

Die Auswirkungen der mittelalterlichen Gegenreformation wurden nicht sofort spürbar. Im ersten Jahrhundert ihres Bestehens waren die

Bettelorden noch eine radikale Kraft, eine intellektuelle Elite. Auch dürfen wir einzelnen Entscheidungen und Einrichtungen nicht allzu viel Bedeutung beimessen. Jede historische Entwicklung, einschließlich religiöser Entwicklungen, ist nur in ihrem gesellschaftlichen Rahmen von Bedeutung. Hätten andere Kräfte nicht mit ihnen zusammengewirkt, wären die Bettelorden und die Inquisition bei der späteren Zerschlagung und Absorption des mittelalterlichen Christentums nicht so erfolgreich gewesen. Wie die Kreuzzüge muß auch die mittelalterliche Gegenreformation als Teil eines allgemeinen Vorganges gesehen werden. Den Hintergrund für die Gegenreformation bildete eine gleichfalls allgemeine Stagnation. Nach 1300 kam es zu einem Rückgang im Bevölkerungswachstum – es ist behauptet worden, daß Perioden klerikaler Vorherrschaft meist mit einer sinkenden Bevölkerungszahl zusammenfallen. Die Kolonisation, sowohl in der Levante als auch jenseits der Elbe, stand still. Es kam zu einer Schwächung der Wirtschaft – veranschaulicht durch den Bankrott italienischer Finanzmakler um 1298. Auch der religiöse Radikalismus wurde schwächer – die Päpste sahen zu, daß bis zur Reformation keine neuen Orden mehr gegründet wurden. Alle diese Fakten demonstrieren eine allgemeine Stagnation, und zweifellos fiel es den neuen Institutionen gerade deshalb so leicht, jene radikalen Tendenzen und jene intellektuelle Vitalität zu unterdrücken, denen auch sie ihre Entstehung verdankt hatten. Trotzdem glaube ich, daß die Gegenreformation des 13. Jahrhunderts innerhalb ihres sozialen Rahmens die europäische Entwicklung in den zwei Jahrhunderten nach 1300 ebensosehr verlangsamen konnte wie die Gegenreformation des 16. Jahrhunderts die Entwicklung in den zweihundert Jahren nach 1600. Der Unterschied besteht nur darin, daß die mittelalterliche Gegenreformation weit vollständiger war. Es gab kein protestantisches England oder Holland. Danach konnte das Christentum noch einmal neu beginnen.

VI Europa wendet sich dem Westen zu

Wenn man den Zeitpunkt angeben sollte, an dem das Mittelalter seinen Höhepunkt erreicht hatte, würde ich die Zeit um 1250 nennen. Bis zu diesem Zeitpunkt hatte sich – von 1050 an – ein fortwährender Fortschritt abgezeichnet. Es war zu einem Bevölkerungswachstum, zu einer landwirtschaftlichen Revolution und zu einem technischen Fortschritt gekommen. Nach allen Richtungen hin hatten sich die Grenzen des Christentums vorgeschoben; neue und alte Welten waren entdeckt, die Sitten verfeinert, Kunst und Wissenschaft neu belebt worden. Neue weltliche und geistliche Institutionen: Städte und Universitäten, neue Orden wohltätiger Brüder und missionarischer Bettelmönche waren gegründet worden. Kunst und Wissenschaft waren in Europa wieder aufgeblüht; das Europa der Barbaren war von seinen kultivierten Opfern erobert worden, so wie 14 Jahrhunderte zuvor das barbarische Rom.

Die Geschichte ruft uns jedoch immer wieder in Erinnerung, daß alles was wächst, nur für einen kurzen Augenblick vollkommen besteht, und ab 1300 wurde der Niedergang offensichtlich. Schon in der Mitte des 13. Jahrhunderts war die territoriale Expansion zum Stillstand gekommen. 1242 war der Vormarsch des Deutschen Ritterordens durch den Herrscher über die russischen Slawen, Alexander Newskij, aufgehalten worden. Zwei Jahre später hatte man das für kurze Zeit wiedergewonnene Jerusalem endgültig verloren. Danach beschleunigte sich das Tempo. 1261 kehrten die Griechen nach Konstantinopel zurück, 1263 erhoben sich die besiegten Mauren in Spanien in einem großen Aufstand, der die „Reconquista" 200 Jahre verzögern sollte. 1268 ging das lateinische Fürstentum Antiochia verloren, 1289 die Grafschaft Tripolis. 1291 wurde die letzte Bastion christlicher Herrschaft im Heiligen Land, Akkon, überwältigt. Um 1300 waren vom christlichen

Kaiserreich im Osten nur mehr wenige, immer kleiner werdende Restgebiete in Griechenland übriggeblieben, und auch diese gehörten nur selten den bankrottgegangenen Familien, die sie einst erobert hatten. Die fränkischen Familien wurden von den italienischen Kapitalisten, die ihre Gläubiger waren, verdrängt. Venedig und Genua herrschten über den Peloponnes, auf Kreta und auf den griechischen Inseln. Auf direktem oder indirektem Weg mußte der Feudalismus der Hochfinanz weichen. 1311, neun Jahre nachdem die französischen Barone von den flämischen Städtern bei Courtrai besiegt und eine Generation ehe sie von den englischen Bogenschützen bei Crécy geschlagen wurden, wurde die fränkische Ritterschaft Griechenlands an den Ufern des Kephisos von den gemeinen Fußsoldaten der katalonischen Söldnerbande niedergemäht. Am Ende des Jahrhunderts sollten auch die Katalonier verschwinden, und Nerio Acciaiuoli, ein Mitglied einer berühmten Florentiner Bankiersfamilie, sollte der neue Herzog von Athen werden. Wenn nun das 14. Jahrhundert den Niedergang des europäischen Rittertums brachte, so war es auch für die Bankiers keine problemlose Zeit. Auch die Ritter der Finanzwelt erlitten in den Jahren von 1300 bis 1350 ihr Courtrai, ihr Kephisos und ihr Crécy. Im Jahre 1298 fiel das große Bankhaus der Buonsignori in Siena, der „Rothschilds des Mittelalters". 1300 folgte das Bankhaus Ricciardi in Lucca; dann jene der Ammanati und der Chiarenti in Pistoia. Inzwischen hatte die wirtschaftliche Rezession auch Florenz erreicht. Dantes Leben spielte sich vor dem Hintergrund heftigen Parteienstreits ab, der ihn schließlich verbittert ins Exil trieb. Die nächste Generation erlebte den Ruin der Florentiner Bankhäuser, der 1326 mit dem aufsehenerregenden Bankrott des ältesten und größten, des Hauses der Scali, seinen Höhepunkt erreichte. Danach gab es nur noch drei ungefährdete Banken, die drei jüngeren Häuser der Bardi, der Peruzzi und der Acciaiuoli, bekannt als „die Säulen der Christenheit". Aber auch sie gab es nicht mehr lang. 1343 wurden sie von der allgemeinen Flut erreicht, 1346, dem Jahr der Schlacht von Crécy, fallierten alle drei. Diese beiden dramatischen Ereignisse standen denn auch in einem Zusammenhang. Der englische König Eduard III. hatte bei beiden seine Hand im Spiel; von seiner Stellung in Crécy aus betrachtete er das Abschlachten französischer Barone, und durch seinen Zahlungsverzug beschleunigte er den Ruin der italienischen Geldgeber. Er war nämlich der wichtigste Klient der Bardi und der Peruzzi, und durch sein Versäumnis, die enormen Zinsen für seine Anleihen zu bezahlen, verursachte er den fatalen Sturm auf die Bank.

104 Unberittene Bogenschützen und adelige Ritter in der Schlacht von Crécy, 1346.

Die Finanzkrise des 14. zog, wie die des frühen 17. oder jene der zwanziger Jahre des 20. Jahrhunderts, weite Kreise. Sie war Teil einer allgemeinen, einer gesellschaftlichen Krise und bedeutete, genau wie jene späteren Krisen, das Ende einer Epoche, den großen Trennungsstrich zwischen frühem und spätem Mittelalter, zwischen dem Zeitalter der Expansion und jenem der Reduzierung. Diese Krise wurde aber noch von einer anderen, sogar größeren Katastrophe begleitet. Im Jahr nach dem Niedergang seiner adeligen und finanziellen Stützen wurde Europa – das bereits durch eine Reihe von Hungersnöten geschwächt war – von einem besonders schrecklichen Unheil heimgesucht: vom Schwarzen Tod. Der Schwarze Tod war die Beulenpest, die von schwarzen Ratten, oder vielmehr von den flohartigen Parasiten der Ratten, übertragen wurde, und sie verbreitete sich vor allem in den überfüllten, schmutzigen Städten des Mittelalters. Schon einmal hatte sie Europa heimgesucht. Während der Regierungszeit Justinians war sie, im 6. Jahrhundert, auf Getreideschiffen nach Konstantinopel eingeschleppt worden und hatte nach Gibbon „eine deutliche Reduzierung des Menschengeschlechts zur Folge, die in einigen schönsten Ländern der Welt niemals wieder wettgemacht wurde“. Nach den Worten eines Fachmannes auf diesem Gebiet waren diese beide Seuchen – jene zu Justinians Zeit und der Schwarze Tod im 14. Jahrhundert – „die größten Pestseuchen der überlieferten Geschichte; keine besitzt ihresgleichen, außer in der anderen“. Zumindest besaßen sie bis 1890, als diese Zeilen geschrieben wurden, nicht ihresgleichen. Die erste Epidemie war aus Ägypten, aus Pelusium, dem großen Hafen und Umschlagplatz für asiatische Waren, eingeschleppt worden – vielleicht sogar aus Asien selbst. Der Schwarze Tod kam von der tartarischen Krim; er wurde vom genuesischen Stützpunkt Caffa auf der Krim, der drei Jahre lang von den Tartaren belagert worden war, mit genuesischen Schiffen im Frühling 1347 nach Genua eingeschleppt. Er gelangte auch indirekt über Konstantinopel, das auf ähnliche Weise angesteckt worden war, nach Europa. Die Krim war der Endpunkt der größten Karawanenstraßen zwischen Europa und China – deshalb hatten die Genueser dort ihre Faktorei errichtet –, und vermutlich war der Pestbazillus mit den Karawanen aus China gebracht worden. Auch die dritte große Epidemie gelangte 1894 von Innerchina nach Kanton und Hongkong und verbreitete sich bald über Indien, Amerika und Australien. Nun aber zurück zum Schwarzen Tod und seinem Ausbruch in Europa.

105 Der Schwarze Tod: Verbrennung infizierter Kleider.

Dieser Ausbruch war, wie wir alle wissen, katastrophal. Zuerst traf die Seuche den Mittelmeerraum; bald nach Genua erreichte sie den sizilianischen Hafen Messina, und Ende des Jahres 1347 schleppten byzantinische Schiffe sie in Marseille ein. Dann verbreitete sie sich in Frankreich. In Italien bildete „la mortifera pestilenza“ von 1348, die die Stadt Florenz entvölkerte und jedes Recht, menschliches wie göttliches, umkehrte, den Hintergrund für Boccaccios „Decamerone“. In Parma beklagte Petrarca den Verlust seiner Laura und vieler anderer Freunde. „Wird die Nachwelt jemals glauben“, fragte er, „daß es eine Zeit gab, in der sich Himmel und Erde nicht verdunkelten, in der es keinen Krieg oder sichtbares Unglück gab und in der trotzdem nicht nur ein paar Länder, sondern fast der gesamte Erdkreis entvölkert wurde ... leere Häuser, verlassene Städte, unbestellte Felder, die Erde von Leichen übersät, überall schreckliches und unheimliches Schweigen?“

Bald grassierte die Seuche, von Italien ausgehend, in ganz Europa. Sie erreichte 1348 England und wütete dort drei Jahre lang. Als die erfinderischen Schotten ihre Nachbarn so darniederliegen sahen, sammelten sie sich vergnügt im Wald von Selkirk, um in deren Land einzudringen und sie auszuplündern. Ihre Hauptbeute war jedoch die Pest, die sich 1350 über das ganze Land verbreitete. In Irland sah ein Bettelmönch von Kilkenny, der die Verzweiflung, die ihn umgab, geschildert hatte, ganz richtig voraus, daß die Zeit seines Chronikschreibens bald zu Ende sein würde, und ließ wohlbedacht einen Vorrat an Pergament für seinen Nachfolger zurück: „Falls doch irgendein Glücklicher überlebt, falls irgendeiner aus dem Geschlecht Adams der Pest entrinnt und das

106 Bestattungsszene in Tournai aus dem Jahre 1349, als die Seuche ihren Höhepunkt errreicht hatte.

Werk fortsetzt, das ich begonnen habe.“ Von Italien aus griff die Seuche auf die Ostküste Spaniens über und drang schrittweise westwärts bis nach Portugal vor. Von Venedig wurde sie über die Alpen in das Gebiet des heutigen Österreich gebracht; über das Meer wurde sie nach dem Baltikum und nach Rußland verschleppt. Von Österreich, dem Baltikum und Frankreich kommend, traf sie in Deutschland ein, wo eifrige Agitatoren schnell mit der Erklärung bei der Hand waren, daß sie durch die jüdische Vergiftung guter deutscher Quellen entstanden sei. Der Schwarze Tod wütete drei Jahre hindurch auf das heftigste; aber selbst als das Schlimmste vorüber war, blieb er noch auf europäischem Boden. Bis 1400 gab es noch weitere fünf schwere Ausbrüche, und die Pest endete nicht zugleich mit dem Jahrhundert. Obwohl sie sich immer mehr in die Großstädte zurückzog, blieb sie bis zur Mitte des 17. Jahrhunderts in Europa heimisch. Die große Seuche in London von 1665 war der letzte Ausbruch in England, und die Seuche in Marseille von 1720 der letzte auf dem Kontinent. Danach änderten sich die Bedingungen. 1727 erfolgte nämlich eine folgenschwere Einwanderung aus den Steppen Rußlands; braune Ratten kamen über die Wolga und vertrieben die schwarzen Ratten mitsamt ihren Parasiten und ihrer Seuche.

Die unmittelbaren Folgen dieses entsetzlichen Sterbens, das mancherorts die Hälfte, im allgemeinen ungefähr ein Drittel der Bevölkerung dahingerafft hatte, waren bedeutend. Es kam überall zu einem Arbeitskräftemangel. Die herrschenden Schichten, die Nutznießer der vorangegangenen Expansion, suchten ihre nun bedrohten Vorteile durch eine Politik künstlicher Reaktion zu bewahren. Zu diesem Zweck schufen sie neue Gesetze, neue Maschinen, sogar neue Mythen; und sie stießen überall auf Widerstand. In der expandierenden Welt des 12. und 13. Jahrhunderts hatte es Raum für alle gegeben und war es möglich gewesen, eine gewisse Einheitlichkeit der sozialen Schichten zu bewahren. Der Landadel hatte seinen Leibeigenen die Freiheit gegeben, da die Leibeigenen mit der Landwirtschaft Geld verdient hatten und ihre Freiheit kaufen konnten oder da sie, falls man ihnen die Freiheit verweigert hätte, in die neuen Städte abgewandert wären. In den Städten hatte sich die Gesellschaft im Fluß befunden; Lehrlinge waren zu Meistern geworden, und die Stadtämter waren von alten auf neue Familien übergegangen. In der kleiner werdenden Welt des 14. und 15. Jahrhunderts gab es nun aber weniger Raum; Adeliger und Bauer am Land, großer und kleiner Kaufmann – oder Kaufmann und Handwerker – in der

107 Ein deutsches „Pestkreuz“, das bei den Gebeten um Errettung verwendet wurde.

Stadt kämpften miteinander, die einen, um ihren Anteil am dahinschwindenden Reichtum und an der Macht zu behalten, die anderen, um sich ihn anzueignen.

Die Auseinandersetzungen verliefen nicht überall in gleicher Weise. Unmittelbar nach dem Ende der Pest erließ der englische Landadel eine Verordnung für die Arbeiter, durch welche die ländlichen Arbeitslöhne nach dem Satz, der vor der Pest üblich gewesen war, fixiert werden sollte. Eine königliche Order verfügte in Frankreich dasselbe. In Spanien wurden ähnliche Bestimmungen von den „Cortes" – den Ständen – für verschiedene Regionen erlassen. Aber schließlich erlangten die Bauern in den meisten westeuropäischen Ländern infolge des Arbeitskräftemangels solche Vergünstigungen, daß sie ihre Freilassung erkaufen konnten. Im östlichen Teil Europas allerdings behaupteten die adeligen Großgrundbesitzer ihre Macht. Angesichts der slawischen Bedrohung fanden sie Mittel und Wege, die Leibeigenschaft nach und nach wieder einzurichten, so daß im 16. Jahrhundert, als sich die freie Bauernschaft Englands ihrer Überlegenheit den weniger freien französischen Bauern gegenüber brüstete, diese französischen Bauern wiederum mit der gleichen Verachtung auf die deutschen Leibeigenen herabschauen konnten, die für ihre despotischen Herren Erdbeeren und Schnecken sammeln mußten. In allen Ländern hatten die gleichen Gründe zu einer „Reaktion" der adeligen Großgrundbesitzer geführt, die Resultate jedoch waren verschieden. Sogar in Spanien gab es Unterschiede zwischen Katalonien, wo die neuen Gesetze später wieder aufgehoben wurden, und Kastilien, wo sie weiter bestanden. Dieselben Ursachen bedingen in der Geschichte nicht notwendigerweise dieselben Wirkungen; dazu wäre eine gleiche soziale Struktur erforderlich. Fehlt diese, können die Resultate sogar entgegengesetzt sein.

Inzwischen befanden sich auch die Städte in einer Krise. Im späten 14. und 15. Jahrhundert waren nahezu alle mächtigen Städte Europas in einem Niedergang begriffen. Mit dem sinkenden Bevölkerungs- und Handelsvolumen verringerte sich auch ihr Reichtum und ihre Zukunftsgläubigkeit, und es gab neue Kämpfe um Privilegien und Macht. Um diese Auseinandersetzungen für sich zu entscheiden, appelierten verschiedene Parteien wiederholt an benachbarte Fürsten; damit wurden die inneren Kämpfe der Städte – oft auf katastrophale Weise – in die auswärtigen Kriege der Könige verstrickt. In ihrer Verzweiflung stürzten sich die Städte manchmal auf ihre Nachbarn; so stärkte sich Florenz durch die Einverleibung von Arezzo und Pisa oder Augsburg durch das Auspressen von Memmingen und Ulm. Viele Städte verwandelten sich auf Grund der prekären Handelssituation zu Großgrundbesitzern. Ländereien mochten ihnen zwar Sorgen bringen, aber diese waren meist kleiner als die Sorgen mit dem Außenhandel. Damit wurden auch die Städte Teilhaber an der Reaktion der Großgrundbesitzer. Wir können dieses Vorgang in Barcelona beobachten, wo die Kaufherren der Stadt ihr Kapital aus dem Überseegeschäft zogen und für die Landwirtschaft zu Hause verwendeten. Am deutlichsten können wir diese Entwicklung in Venedig sehen. Während die großen venezianischen Kaufherren an ihrem dahinsiechenden Wirtschaftsimperium in der Ägäis festhielten, unterstützten die kleineren, weniger kapitalkräftigen Kaufleute eine Politik der Eroberung der „terra ferma", des heimatliches Festlandes. 1381 gingen die Handelshäuser Barcelonas in den Ausgleich, worauf im 15. Jahrhundert ein Bürgerkrieg folgte. In dem selben Jahrhundert änderte Venedig, das bisher seewärts zum glanzvollen Osten geblickt hatte, seinen Kurs und führte einen Krieg nach dem anderen, um seinen Landbesitz in Italien zu sichern; dort sollten im 16. Jahrhundert die majestätischen Villen einer ehemaligen Kaufmannsaristokratie, die schrittweise vom Handel zu den öffentlichen Ämtern und von da zum Landbesitz übergewechselt war, von Palladio gebaut und von Veronese dekoriert werden. Was geschah nun in der Kirche? Auch sie wandelte sich in den Jahren des Niedergangs. Ich habe schon betont, daß jede echte, lebendige Gegenreformation im Unterschied zu einer bloßen Reaktion denselben Kräften entspringen muß, die die ursprüngliche Reformation hervorgerufen haben. Die Bettelorden hatten als revolutionäre, nicht als reaktionäre Kräfte begonnen; sie hatten bei der Verteidigung der Kirche den neuen Radikalismus der Häretiker des 12. Jahrhundets – die Idee von der apostolischen Armut und den missionarisch-evangelischen Geist – teilweise in Bahnen zu lenken vermocht. Im 14. Jahrhundert wurde dieser Radikalismus jedoch von der Kirche wirkungsvoll ausgeschaltet. Die Mönchsorden wurden zur Stütze einer bürokratischen, besitzenden Kirche, die ihrer geistlichen Autorität vorerst durch die „Babylonische Gefangenschaft" – die Übersiedlung des Papsttums von Rom nach Avignon – und schließlich durch das „Schisma" verlustig ging, in dessen Verlauf Papst und Gegenpapst einander befehdeten und wirkungslose Bannflüche gegeneinander schleuderten. 1322 erklärte Johannes XXII., der Schustersohn, der an den Annehmlichkeiten des Reichtums inmitten der köstlichen, eigens für den Papst gepflanzten Weingärten Avignons Gefallen fand,

108 Chaucer's Mönch bereichert sich durch die Einnahmen der hungernden Pfarrer. „Und galt es scharfes reiten, Hasen hetzen, schien nichts ihm teuer für dies Hauptergötzen."

die Lehre von der christlichen Armut als häretisch, und hierauf wurde die Vita des hl. Franz von Assissi neu geschrieben, um die unliebsamen Ansichten des Ordensgründers über diesen Gegenstand abzuschwächen. Die Bettelmönche des 14. und 15. Jahrhunderts waren weniger für ihre Armut und ihre Predigten berühmt, als für ihren Wohlstand und für die erfindungsreichen Methoden, diesen zu erlangen. Die Franziskaner erfanden und vervollkommneten jene Einrichtungen der Religion, die die Reformation auf den Plan rufen sollten: Ablässe, Andachtsübungen und neue Dogmen, wie jenes der Unbefleckten Empfängnis. Die Dominikaner schufen sich eine Machtstellung als Ideologen der Rechtgläubigkeit und als Handlanger der Inquisition, die den Glauben durch die Vernichtung jeder neuen Idee zu verteidigen suchte.

Wenn die neuen Bettelorden, die sich zum Ideal der Armut bekannten, schon so offen mit ihrem Reichtum prahlen konnten, warum sollten die alten Klöster da zurückstehen? Die Klöster hatten ihre Liegenschaften ausgedehnt und sich an der „Reaktion" der Großgrundbesitzer beteiligt. Für sie hatte die Beulenpest auch eine positive Auswirkung. In den Jahren des Elends hatten sich viele Menschen der Religion zugewandt und ihren Landbesitz der Kirche hinterlassen. Mit dem Landbesitz übernahmen die Mönche auch die Zehnten der Pfarrkirchen. Dies war vielleicht der größte Vorwurf, den man ihnen machte. Wir lesen immer wieder von verfallenden Pfarrkirchen, von verhungernden Pfarrern und von Klöstern, die neun Zehntel des Pfarreinkommens einstrichen. In „Piers Plowman", einem Denkmal der Unzufriedenheit aus dem England des 14. Jahrhunderts, lesen wir von „Geistlichen, mit denen man kein Erbarmen hat, obwohl es auf ihre Altäre regnete“, denn die Kirchen, die diese Geistlichen erhalten sollten, waren verfallen und hatten kein Dach. Aber diese Mißstände gab es nicht nur in England. „Es gibt erschütternde Zeugnisse derartiger Übelstände in jedem Land Europas“, sagt einer der größten Spezialisten mittelalterlicher Kirchengeschichte. Den Klöstern ging es dank dieser Einnahmen gut. Das Resultat können wir bei Boccaccio und Chaucer nachlesen. Chaucers Mönche und Nonnen sind lustige, wohlgenährte und besitzfreudige Geschöpfe; über den notleidenden Pfarrer, ihr Opfer, schreibt er:

Was Christus samt den 12 Aposteln sprach,
das lehrt er, doch zuerst tat er danach.

109 Die „Wiclif-Bibel“: Einleitung zur Apostelgeschichte.

Dieser unmodernen evangelischen Tugenden wegen wurde Chaucers armer Pfarrer von den Wallfahrern in Canterbury bezichtigt, ein Lollarde, ein Anhänger Wiclifs, ein „Häretiker" zu sein.

Aber diese „Reaktion" der Großgrundbesitzer, dieser geistlose, betonte Konservativismus der etablierten Klassen, blieb natürlich nicht unwidersprochen. Das 14. Jahrhundert war erfüllt von verzweifelten, mitunter gräßlichen Bauernaufständen. 1323 bis 1328 revoltierten die Bauern in Westflandern, 1357 die Bauern in Frankreich; ihre berühmte „Jacquerie" sollte allen Bauernerhebungen den Namen geben. 1381 kam es in England zu dem großen Bauernaufstand unter Wat Tyler und Jack Straw; ihre Namen blieben in so furchtbarer Erinnerung, daß sie den niederen Adel noch im 17. Jahrhundert in Angst und Schrecken versetzten. Auch in den Städten brachen Aufstände gegen die Kaufmannsoligarchien aus, die das gesamte Wirtschaftsleben beherrschten. Zwischen 1348 und 1400 kam es zu zahlreichen „Streiks" – in Paris, Speyer, Siena, Straßburg und Konstanz. Es gab auch richtigen Aufruhr. Flandern und Oberitalien waren die beiden höchstentwickelten Industriegebiete Europas. In Flandern wurde der Auftakt zur Erhebung von der stark industrialisierten Stadt Gent gegeben. Da die dortigen Kaufherren eine Verbindung mit dem französischen König einzugehen versucht hatten, bemühten sich die Handwerker um ein Bündnis mit dem englischen König Eduard III., der sich plötzlich als Förderer einer sozialen Revolution sah, die von dem „Tribun" der Weber, Jan van Artevelde, angeführt wurde. Eine Generation später trat Philip van Artevelde das Erbe seines Vaters an und führte „die aufsässigen Weber" wiederum zum Aufstand gegen ihre Meister. Zur selben Zeit – 1379–1382 – revoltierten die Florentiner Kleidermacher im sogenannten Ciompi-Aufstand gegen die Kaufmannsoligarchie ihrer Stadt. „Es ist keine Übertreibung, wenn man sagt", schrieb Pirenne, „daß die Revolutionäre an den Ufern der Schelde und des Arno damals die Diktatur des Proletariats über ihre Gegner errichten wollten." Um ihren Aufstand zu unterstreichen, wandten sich die Bauern und Handwerker in ihren radikalen Irrlehren auch gegen die Kirche der Reichen. In Frankreich und England stürmten die Bauern die großen Abteien, die Ländereien besaßen, und brandschatzten ihre Archive, die die Unterlagen ihrer eigenen Unterdrückung enthielten; sie hörten auf anarchistische Prediger, die die Gleichheit der Menschen verkündeten, wie John Ball; sogar nichtrevolutionäre Gegner der Kirche, wie Wiclif, fanden ihre Grundsätze in revolutionäre Schlagworte verwandelt. In

110 Wat Tyler *(links)*, an der Spitze seiner Rebellen, bedroht Richard II. mit dem Schwert, der Bürgermeister von London greift jedoch ein. Eine Szene aus den Bauernaufständen von 1381.

England wurde die Lehre Wiclifs besonders von den Webern beibehalten und konnte durch ihr Überleben der protestantischen Reformation des 16. Jahrhunderts Rückhalt geben. Sie verbreitete sich auch sehr rasch in Böhmen; dort wurde sie zuerst von den Hussiten übernommen, die im Zeichen des Kelches sowohl gegen die Unterdrückung durch den Klerus als auch durch die Deutschen kämpften; danach machten sich die hussitischen Extremisten, die sozial-revolutionären Taboriten, Wiclifs Lehre zu eigen. Sie nahmen Tod und Martyrium auf sich. Ihre Stütze waren – wie in Flandern, Frankreich und Italien – die Weber und die Bergarbeiter.

Schließlich gab es im 14. Jahrhundert noch eine andere populäre Bewegung: den Antisemitismus. Die verschuldeten Bauern am Land und die hungernden Handwerker in der Stadt suchten nach einem Sündenbock in ihrer Mitte und fanden ihn in den Juden. 1292 wurden die Juden aus England vertrieben, und zur selben Zeit fanden auch im

111 Die Juden waren die Sündenböcke des späten 13. und 14. Jahrhunderts. Hier werden die Kölner Juden wegen des Herannahens der Pest bei lebendigem Leib verbrannt.

112 Der hl. Bernhard von Siena, Bettelmönch und Judenfresser, predigt einer italienischen Bruderschaft (Gemälde von Vecchietta, 15. Jahrhundert).

Königreich Neapel Pogrome statt. 1348–1349, beim Herannahen der Pest, wurden die Juden in der Schweiz und in Deutschland ermordet. Päpste, Fürsten, Bischöfe und adelige Großgrundbesitzer versuchten sie zu schützen, da sie ihnen nützlich erschienen; doch es war vergeblich, in einer Stadt nach der anderen wurden die Juden zusammengetrieben und bei lebendigem Leib verbrannt. Ein deutscher Chronist schrieb: „Wenn die von Elias und Enoch prophezeite Stunde angebrochen wäre, hätte ich gedacht, daß das Ende des Judentums gekommen sei, da dies jedoch nicht der Fall ist, müssen einige überleben, damit sich die Schrift erfüllen möge.“ 1391, zehn Jahre nach den Gewalttaten in England, Flandern und Italien und nach der Wirtschaftskrise in Katalonien, fand in Spanien ein ähnlich erbarmungsloses Massaker statt. Der Auftakt zu den Pogromen wurde im allgemeinen von den Bettelmönchen gegeben. Ein Dominikaner, der wunderwirkende hl. Vinzenz Ferrer, der berühmteste spanische Prediger, war der geistige Urheber der Judenmorde in Spanien; ein Franziskaner und strenger Observant, der

hl. Bernhard von Siena, dessen saures, frömmelndes Antlitz uns in so vielen umbrischen Kirchen begegnet, peitschte die Gläubigen in Italien auf. Beide stellten den radikal-strenggläubigen Flügel ihrer Orden dar. Sie waren ein zweiter hl. Dominikus und ein zweiter hl. Franziskus, jedoch die Aposteln einer späteren und desillusionierten Generation.

Wer oder was trug die Schuld an dem allgemeinen Niedergang im 14. Jahrhundert, dem Zusammenbruch jener Lebenskraft, die das Christentum in den zwei Jahrhunderten der Expansion erfüllt hatte? Nicht nur der Schwarze Tod trug die Schuld daran. Schon vor der Pest war die Bevölkerung zurückgegangen, und sie konnte ihre Schwungkraft auch nicht wiedergewinnen, nachdem die Seuche längst vorüber war. Die Aufgabe der Siedlungen jenseits der Elbe hatte schon vor der Pest begonnen; ebenso die Unzufriedenheit in Stadt und Land. Im allgemeinen erholt sich eine gesunde Gesellschaft bald nach einer solchen Schwächung. Nur labile Gesellschaften werden davon tödlich getroffen – und schreiben ihre Schwäche dann diesem Unglück zu.

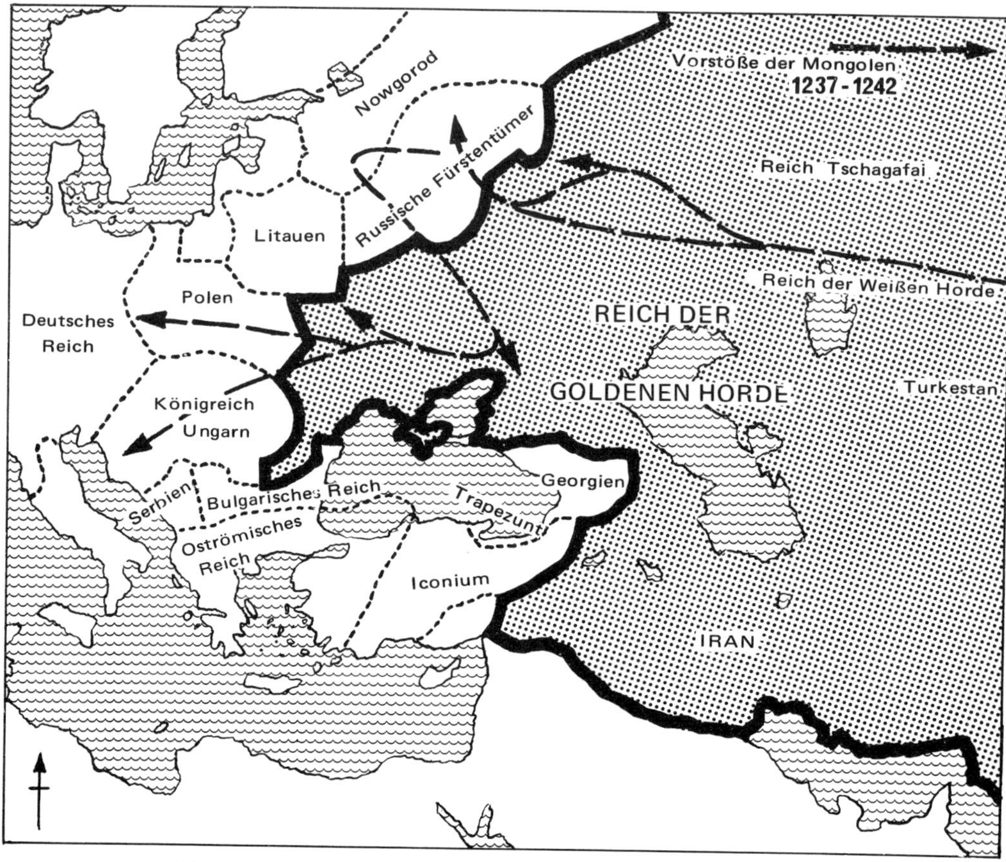

113 Eroberungszüge der Mongolen im Westen. Europas Ostgrenze im späten 13. Jahrhundert.

Daher können wir der Pest nicht die ganze Schuld anlasten. Wir müssen die Frage stellen, warum die europäische Gesellschaft im 14. Jahrhundert bereits so geschwächt war, daß sich der Einfluß der Beulenpest derart verheerend auswirken konnte. Wieder einmal müssen wir über Europa hinausblicken, dorthin, von wo der Schwarze Tod und so vieles andere gekommen war – nach dem Osten.

Denn in diesen Jahren der europäischen Reaktion hatte sich außerhalb Europas ein spektakulärer Wandel vollzogen; und wieder einmal, wie zur Zeit der Hunnen und Awaren, lag die unmittelbare Ursache des Wandels in einem plötzlichen, unerwarteten Zusammenschluß der Steppennomaden. Dieses Mal sollte es das größte derartige Bündnis sein, der Zusammenschluß der Mongolenstämme unter Dschingis-Khan, der im frühen 13. Jahrhundert von seiner Hauptstadt Karakorum in der Äußeren Mongolei aus ein Imperium vom Pazifik bis an die Wolga erobert hatte. Unter seinen Söhnen und Enkeln wurde das Reich noch vergrößert. Im Westen besiegten die Mongolen das Fürstentum Kiew, plünderten die Hauptstadt, die Wiege der russischen Zivilisation, und unterwarfen Rußland für zwei Jahrhunderte. Alexander Newskij, der Sieger über den deutschen Ritterorden, unterwarf sich den Eroberern. Die Mongolen drangen in Polen und Ungarn ein und brandschatzten Krakau und Budapest. Im Nahen Osten eroberten sie Bagdad, zerstörten das Kalifat, das seit der Zeit des Propheten kontinuierlich bestanden hatte, und setzten in Persien eine mongolische Dynastie ein. Kublai-Khan, der Enkel Dschingis-Khans, eroberte das gesamte Chinesische Reich, verlegte seine Hauptstadt nach Peking und sandte seine Armeen und Flotten nach Burma und Java. Nur infolge der großen Entfernung konnten die Mongolen im Westen aufgehalten werden, und nur das Mameluckenreich in Ägypten und das Sultanat von Delhi in Indien – beide von ehemaligen Sklaven türkischer Abstammung gegründet – waren imstande, dem Mongolensturm zu widerstehen. Japan entrann dank eines gelegen kommenden Unwetters den Eroberungszügen Kublai-Khans.

Den Herrschern Westeuropas war diese Erschütterung des Islam willkommen. Dabei ergab sich eine kraftvolle zweite Front gegen Mamelucken und Türken; dabei ergab sich auch ein gewaltiges Freihandelsgebiet von Budapest bis nach Kanton – und beides konnte man nützen. Franziskaner wurden ausgeschickt, um die heidnischen Khans zu christianisieren, und italienische Kaufleute fanden ihren Weg durch Zentralasien nach China, „dem Haupt der Welt, dem Ursprung der Erde“. Unter den ersteren befanden sich der bekannte Giovanni del Carpine, der von Papst Innozenz IV. ausgesandt wurde und 1245 Karakorum erreichte, und Wilhelm von Rubruk, der als Gesandter des französischen Königs, Ludwigs des Heiligen, 1254 in Karakorum eintraf. Die missionarischen Bemühungen waren ein Fehlschlag. Wie Robertson schreibt, war der „stolze Abkomme des größten Eroberers, den Asien jemals erblickt hatte“, erstaunt über den „ungewöhnlichen Auftrag des italienischen Priesters, dessen Name und Zuständigkeit ihm so gut wie unbekannt waren“. Die Handelsunternehmungen waren jedoch erfolgreicher. Die heidnischen Khans hatten Bedarf an ausländischen Fachleuten und mochten in ihrer unmittelbaren Umgebung weder Muselmanen noch Chinesen. Dschingis-Khan schätzte die Uiguren, diese faszinierenden Türken aus Sinkiang, die früher Manichäer gewesen waren und nun ihren Eroberern dienten, indem sie eine Schrift für die mongolische Sprache ausarbeiteten. Er machte die Uiguren zur Hofaristokratie von Karakorum und bestellte einen von ihnen als Hauslehrer für seine Söhne. Es gab aber auch Christen im mongolischen Reich. 1254 begegnete Wilhelm von Rubruk einer Anzahl von ihnen in Karakorum, und als Kublai-Khan seine Herrschaft antrat, begannen sie an seinen Hof in Kambalu und Peking zu strömen. Die ersten Europäer waren die beiden venezianischen Kaufleute Niccolò und Matteo Polo, die von der Krim über Buchara nach Peking reisten. Zehn Jahre später begann der Sohn von Niccolò, Marco Polo, seinen fünfzehnjährigen Dienst als bevorzugter Offizier des Kublai-Khan; sein berühmtes Buch veranlaßte zwischen 1300 und 1350 unzählige andere italienische Kaufleute, nach China zu reisen. Die imperialistische Kolonisation nach

114 Niccolò und Matteo Polo, die venezianischen Kaufleute, mit Kublai-Khan an dessen Hof in Peking.

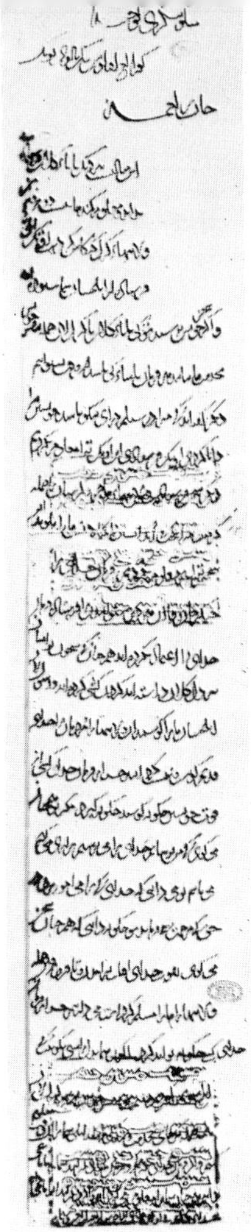

115 Dschingis-Khan und sein Hof. Der Khan sitzt auf einem Thron, an seiner Seite seine Gemahlin. Vor dem Thron knien die beiden Söhne.

116 Der Brief Kayuk-Khans an Papst Innozenz IV. mit einer gestempelten Unterschrift, zwei Jahrhunderte vor der Erfindung des Buchdruckes in Europa.

der Art der Kreuzfahrer war also fehlgeschlagen, die Alternative dazu, „der ehrliche und freundliche Austausch", hatte jedoch Erfolg, und in dem Jahrhundert nach dem Scheitern der Kreuzzüge lebte Europa immer noch erfolgreich vom Osten, sogar erfolgreicher denn je. Im großen, wohlgeordneten und toleranten Mongolenreich, das von Karawanen regelmäßig kreuz und quer durchzogen wurde, konnten sich Kultur und Naturwissenschaft äußerst wirkungsvoll verbreiten. Gerade in diesen Jahren gelangten einige bedeutende chinesische Erfindungen nach Europa. Das Schießpulver wurde erstmalig in Europa von Roger Bacon erwähnt, einem Freund von Wilhelm von Rubruk, der in Karakorum gewesen war. Es wurde von den Muselmanen wie von den Christen im Westen erstmalig im frühen 14. Jahrhundert verwendet. Auch der Buchdruck kam während der mongolischen Friedenszeit von China nach Europa. Das erste Zeugnis dafür war vermutlich die gestempelte Unterschrift des Kayuk-Khan auf einem Antwortschreiben an den Papst, das in uigurischer Schrift verfaßt war und das Giovanni del Carpine aus Karakorum überbracht hatte; es war lange Zeit unbekannt gewesen und wurde erst 1920 in den vatikanischen Archiven entdeckt.

Das war also die wohltätige „Pax Mongolica", die mit der Prosperität Europas im 13. Jahrhundert zusammenfiel und die das Christentum zum ersten Mal mit den großen alten Zivilisationen des Ostens in Berührung brachte. In der Mitte des 14. Jahrhunderts ging dieser mongolische Frieden jedoch in Anarchie und Bürgerkrieg unter. Im Fernen Osten brachte ein Volksaufstand die ansässige Ming-Dynastie in China an die Macht, und Karakorum wurde verbrannt. Im Nahen Osten brach die mongolische Herrschaft in Persien zusammen; das große Bewässerungssystem Mesopotamiens – das Jahrhunderte lang erhalten worden war – wurde zerstört, und die Anarchie wurde kurzfristig von einem neuen, zerstörungsfreudigen Eroberer, Timur oder Tamerlan, genützt. Im Westen stieß der neue türkische Stamm der Osmanen, die von den Mongolen verdrängt worden waren, nach Europa vor, errichtete seine Hauptstadt in Adrianopel und machte den griechischen Kaiser zu seinem Vasallen. Somit zerstörte der Untergang des Mongolischen Reiches das Gesellschaftsgefüge in China, im Gebiet des Islam und in Europa. Noch vor dem Sieg der Ming-Dynastie, während der Zeit der Anarchie in China, kam der Schwarze Tod nach Europa; während der anarchischen Zustände im Raum des Islam erarbeitete Ibn Chaldun in Nordafrika seine defätistische Geschichtsphilosophie; die Verwirrung im Nahen Osten und das Ende des Mongolenreiches brachten den komplizierten Mechanismus des europäischen Osthandels zum Stillstand. Die großen Karawanenstraßen durch Zentralasien verödeten, zwei Jahrhunderte später war sogar ihre Existenz vergessen.

117 Timur, der sich selbst Erneuerer des Mongolenreiches nannte, zog im Jahre 1401 gegen Bagdad.

Wenn man das Jahrhundert von 1150 bis 1250 als den Höhepunkt des europäischen Mittelalters betrachtet, so war die Zeit von 1350 bis 1450 vermutlich sein Tiefpunkt. Die alten Institutionen waren erstarrt, und eine kraftlose Gesellschaft konnte keine neuen, anpassungsfähigeren an ihre Stelle setzen. In dieser Epoche der Einengung und des Rückschritts, eines abstumpfenden geistlichen Einflusses und vergeblicher sozialer Revolten sank das intellektuelle Leben zu einem Formalismus herab oder flüchtete sich aus der Wirklichkeit in Satire, Mystizismus und Mythos. Wir kennen Boccaccios humorvolle Satire „Decamerone" und Chaucers bittere Satire „Piers Plowman". Wir kennen die großen mittelalterlichen Mystiker Seuse und Tauler, Richard Rolle und Thomas von Kempen. Vor allem aber kennen wir den alten Mythos vom Rittertum. Niemals war der Geist des Feudalismus in der Literatur so vollendet dargestellt worden als damals, da er in Wirklichkeit schon tot war, als die Bande der Feudalität und ihre Pflichten nicht mehr lebendig waren. Während die Fürsten Europas ihre Kraft in verräterischen Usurpationen und selbstmörderischen Bürgerkriegen verschwendeten, verfaßte der feiste flämische Feldkurat Jean Froissart salbungsvolle Chroniken über ihre ruhmvollen Waffentaten, die zur Unzeit von den „schändlichen“ Protesten und den „Übeltaten“ dieser „bösen“ und „widerwärtigen Schufte“, der hungernden Weber und Bauern, unterbrochen wurden; während England unter den Übergriffen des Königtums und der Zwietracht des Adels litt, verherrlichte der „edle“ Ritter Sir Thomas Malory, der wegen Einbruchs, Diebstahls, Brandlegung, Vergewaltigung und Wuchers im Gefängnis saß, in seinem Werk „Morte d'Arthur“ die Artigkeiten der Tafelrunde.

Wenn sich ein Philosoph, der in der modernen Theorie des zyklischen Geschichtsablaufes bewandert ist, in das 15. Jahrhundert versetzte, zu welchem Schluß würde er – frage ich mich – wohl kommen? Damals muß es nämlich den Anschein gehabt haben, als ob die Zukunft nicht Europa, das in seinen altertümlichen Einstellungen und Privilegien festgefahren war, auch nicht der Welt des Islam, die hilflos ihren aufeinanderfolgenden Eroberern ausgeliefert war, sondern als ob die Zukunft China gehörte. China hatte Europa beinahe alle neuen technischen Errungenschaften geliefert und schien nun unter der jungen Ming-Dynastie eine neue Expansionspolitik anzustreben. Der chinesische Hofeunuch Chêng-Ho – einer der großen Eunuchen in der Geschichte (auch Justinians General Narses war ein Eunuch gewesen) – leitete oder entsandte zwischen 1405 und 1433 eine Reihe von Schiffsexpeditionen, die den gesamten Indischen Ozean unter chinesische Kontrolle brachten. So mußten die Beherrscher Indiens und Ceylons, die Handelszentren Malakka und Kalkutta Tribut zahlen oder ihre exotischen Waren nach China senden. Chinesische Flotten befuhren das Rote Meer und suchten die Ostküste Afrikas heim. Wäre diese Entwicklung weitergegangen, so hätten chinesische Flotten vielleicht ein halbes Jahrhundert später Lissabon und London erreicht. Wer konnte damals vermuten, daß das Gegenteil eintreffen sollte, daß stattdessen portugiesische Schiffe Malakka und Kalkutta erreichen, die Tributzahlungen Indiens und Ceylons nach Lissabon und Antwerpen ab-

118 Prinz Heinrich „der Seefahrer“ (zeitgenössisches Porträt von Nuno Gonçalves).

leiten und damit die neue, ein halbes Jahrtausend währende Oberherrschaft Europas begründen sollte?

Hier begegnen wir einem echten Geheimnis der Geschichte. Zur Erklärung dieses Phänomens haben die portugiesischen Historiker den legendären Prinzen Heinrich von Portugal ins Treffen geführt, den „Seefahrer“, den Chêng-Ho des Westens (allerdings fuhr Prinz Heinrich niemals selbst zur See), den einsamen Pionier der europäischen Expansion und den Begründer des überseeischen portugiesischen Reiches, des ersten – und vermutlich auch des letzten – überseeischen Imperiums Europas. 40 Jahre hindurch, von etwa 1420 bis zu seinem Tod, 1460, soll Prinz Heinrich in Sagres, an der Südspitze Portugals, umgeben von Kartographen und Wissenschaftern, gesessen sein, und immer neue und weitere Reisen ersonnen haben. Was trieb ihn dazu? Der Eifer eines Kreuzfahrers gegen die Muselmanen Afrikas? Der Traum von Indien? Das Vorbild des legendären Priester Johannes? Wir wissen es nicht. Wir wissen nur, daß in diesen Jahren eine portugiesische Flotte nach der anderen in den Atlantik hinaus- und die Küste Afrikas entlangsegelte und den Weg für die großen, unvorhersehbaren Reisen des Bartolomëu Diaz und des Vasco da Gama zu Ende des Jahrhunderts und für das neue Reich in Asien und in Südamerika vorbereitete.

Die Legende über Prinz Heinrich klingt schön, doch dürfen wir uns davon nicht zu sehr beeindrucken lassen. Geschichte wird in Wahrheit nie von einzelnen Helden gemacht. Solche Gestalten sind höchstens Katalysatoren oder Anführer schon vorhandener Bewegungen, und die Frage, die wir stellen müssen, lautet nicht, von wem oder wodurch diese Reisen der Portugiesen ausgelöst wurden, sondern warum im 15. Jahrhundert, wo doch das übrige Europa offensichtlich in gesellschaftlicher Verkalkung und wirtschaftlichem Niedergang befangen war, ein kleiner Teil davon imstande war, den Bann zu brechen und ein neues Beispiel zu geben. Denn dieses Beispiel war von großer Bedeutung. Dank des freien Wettbewerbs zwischen den europäischen Monarchien sollten die anderen Seemächte Europas bald nachfolgen; diese Nachahmung und dieser Wettbewerb sollte Europa für lange Zeit den bestimmenden Einfluß auf die übrige Welt sichern.

Worin bestand die Eigenart der portugiesischen Gesellschaft des 15. Jahrhunderts? Das ist eine umfassende Frage, auf die ich trotzdem eine kurze Antwort zu geben versuche, die sich nicht nur aus diesen bestimmten Umständen ergibt, sondern auch aus anderen, ähnlich gelagerten Wandlungen in der Geschichte, immer dann, wenn sich das Machtzentrum von einem Teil der Erde auf einen anderen verlagert.

Denn wenn man die Geschichte nun, wie es meiner Meinung nach richtig ist, als einen kontinuierlichen Prozeß betrachtet, kann man Allgemeinschlüsse ziehen. Genausowenig wie beispielsweise alte Institutionen neuen Zielen dienen können, außer sie haben sich dauernd angepaßt, werden neue Probleme in erster Linie von alten Gesellschaftssystemen gelöst. Den Grund kann man leicht erraten. Jede Gesellschaft, so lange sie eine Leistungsgesellschaft ist oder sich als solche empfindet, neigt dazu, in sich selbst zu investieren; eine militärische Gesellschaft strebt danach, noch militärischer zu werden, eine bürokratische Gesellschaft noch bürokratischer, eine geschäftstüchtige Gesellschaft noch geschäftstüchtiger, da sich der gesellschaftliche Stand und der Gewinn aus Krieg, Ämtern und Handel durch den Erfolg erhöhen. Ihre Institutionen dienen dazu, diese Entwicklung zu unterstützen. Wird daher eine solche Gesellschaft von einer Krise betroffen, ist sie durch die Last ihrer aufgeblähten Investitionen teilweise gelähmt. Die Militär-, Bürokratie- oder Kommerzgesellschaften können ihren Kurs nur schwer ändern; und ihre soziale Vorherrschaft und die Institutionen, mit deren Hilfe diese ausgeübt wird, hindern andere Schichten daran, die Macht zu übernehmen oder die Politik zu ändern. Muß die Politik geändert werden, um neuen Gegebenheiten zu entsprechen, finden wir eine derartige Änderung in erster Linie in einer komplexen, elastischen Gesellschaft – wir würden sie heute liberal nennen –, in der verschiedene Interessen getrennte, miteinander konkurrierende Institutionen besitzen, oder in einer weniger entwickelten Gesellschaft, deren Institutionen nicht erstarrt sind und deren erworbene Interessen sich nicht durch frühere Verpflichtungen verstärkt haben. Diese allgemeine gesellschaftliche Wahrheit scheint mir zu erklären, warum nicht das China der Ming-Dynastie, sondern das Europa des 15. Jahrhunderts – trotz seines vorübergehenden Niedergangs – das nächste Entwicklungsstadium in der Geschichte erreichte und warum innerhalb dieses Europa des 15. Jahrhunderts nicht Italien, Flandern, Frankreich oder England den Weg wies, sondern das winzige Königtum Portugal, das am entferntesten Ende des nach Osten blickenden Kontinents lag.

Wir haben gesehen, daß sich ganz Europa in dem Jahrhundert nach 1350 in einer Krise befand und daß die reifen Gesellschaftssysteme Europas unfähig waren, zur Überwindung dieser Krise neue Einrichtungen zu schaffen. Es wäre übertrieben, zu sagen, daß sie in diesem Jahrhundert untätig waren; sie beantworteten die Herausforderung auf verschiedene Weise. Neue Fertigkeiten wurden ersonnen, neue Formen der gesellschaftlichen Organisation eingeführt und Fortschritte in der Landwirtschaft gemacht. Es gab revolutionäre Entwicklungen auf dem Gebiet der Kleidermacherei und des Bergbaus, die den neuen Handelsstädten in Deutschland ein Vermögen einbrachten. Die Entwicklung der Zünfte brachte für einige Zeit einen sozialen Ausgleich. Die Fürsten konnten durch die Ausdehnung ihrer Rechtsgewalt und die

119 Die Zünfte: Ein Maurer- und ein Tischlergeselle werden vom Zunftmeister geprüft.

120 Elfenbeinstatuette eines chinesischen Beamten aus der Ming-Dynastie.

Aneignung neuer Gebiete manchmal ihr Freihandelsgebiet vergrößern und von den Städten, die sie unterworfen hatten, Handelspolitik lernen. Im allgemeinen aber finden wir eine Überbetonung der alten Formen, jedenfalls nicht die Entdeckung neuer. Der Landadel suchte seine Macht durch Reaktion, nicht durch Neuerungen zu bewahren. Die Kapitalisten, die vom Handel enttäuscht waren, wandten sich dem Geldgeschäft oder der Landwirtschaft zu. Sogar die Zünfte erließen bald Beschränkungen und unterdrückten die Produktion in jenen Städten, in denen sie mächtig waren; der wirtschaftliche Niedergang so mancher Stadt in der Schweiz oder in Deutschland wurde von diesem „Sozialismus" des 15. Jahrhunderts verschuldet. Im allgemeinen kann man sagen, daß die bestehende Struktur Europas, die in den Jahren der

Expansion erworben und im Laufe der Zeit und mit dem Wachstum der Interessen verstärkt wurde, ihre Energien langsam aufzehrte und schließlich aufbrauchte. Sogar die Kunst der Renaissance im 15. Jahrhundert war nicht unbedingt ein Zeichen des Fortschritts. Verschwenderische Förderung der Künste war – wie zur Zeit des Barocks – mit wirtschaftlichem Abstieg gut vereinbar. Die neuen Fürsten und ihre Höflinge waren oftmals Kaufleute, die ihre Gelder nun anstatt im Handel in der Politik anlegten. Anstatt ihren Reichtum durch Industrie und Handel zu vergrößern, häuften sie ihn in Form von Steuern an und verschwendeten ihn in Ermangelung anderer Möglichkeiten in auffallendem Luxus.

Unter der Ming-Dynastie fand in China dieselbe Entwicklung statt. Jahrhundertelang hatte das chinesische Reich von der Bürokratie seines Gelehrtenadels gelebt. Ausländische Herrscher mochten sich die Macht angeeignet haben, stets mußten sie am Ende die chinesische Bürokratie in Anspruch nehmen, um regieren zu können. Sogar die Mongolen waren ihr schließlich unterlegen. Sie zogen wohl die Uiguren und die Christen an ihrem Hof vor, aber es gab nicht genug davon für das gesamte Reich. So setzte Kublai-Khan schließlich wieder die alte Bürokratie ein, die nun allerdings eine Prüfung ablegen mußte. Nachdem die nationalistischen Ming die Mongolen verdrängt hatten, kehrten sie natürlich begeistert zu ihrem nationalen System zurück. Nach außen hin mag es scheinen, daß Chêng-Ho durch eine Hofintrige gestürzt

121 Zeitgenössischer Kupferstich von Lissabon im 16. Jahrhundert.

wurde; in Wirklichkeit aber wurde die chinesische Gesellschaft von ihrer uralten Struktur und ihren althergebrachten Einrichtungen aufgesogen.

Während nun China ein uniformes, zentralistisches Reich war, lag Europas Vorzug in seiner Vielgestaltigkeit. Wäre ganz Europa wie China zentral beherrscht worden, wie anders hätte sich unsere Geschichte entwickelt. Um 1400 gab es jedoch, während das Wirtschaftsleben des älteren Europa unter landesfürstliche Aufsicht gebracht wurde, einige Länder, in denen feudale Einrichtungen nur in geringem Maß Fuß gefaßt hatten, und eines dieser Länder, die so günstige Voraussetzungen für das neue Zeitalter mitbrachten, war Portugal.

Wie wir gehört haben, war das Königreich Portugal erst während des zweiten Kreuzzuges gegründet worden. Es war wie das Königtum Jerusalem eine Schöpfung Nordeuropas; seine geographische Beschränktheit – es war ein schmaler Streifen entlang der atlantischen Küste – hatte es vor dem Schicksal der anderen Gesellschaftssysteme im 14. Jahrhundert bewahrt. Wäre Portugal wie Andalusien von Kastilien aus zurückerobert und von Burgos oder Toledo aus regiert worden, hätte sich der Großteil seines Wirtschaftslebens zweifellos nach der spanischen Monarchie ausgerichtet – wie es nach der Vereinigung mit Spanien 1580 auch geschehen sollte. Seiner Unabhängigkeit und seines geringen Ausmaßes wegen war es jedoch gezwungen, von seiner eigenen Wirtschaft zu leben; und die Basis dieser Wirtschaft war das Meer. Portugal war im 15. Jahrhundert was Genua oder Venedig im 12. oder Holland im 17. Jahrhundert waren, ein kleiner Staat, den seine geographische Lage dazu zwang, seinen Blick auf das Meer zu richten. In diesem beschränkten Rahmen gab es keine portugiesische Feudalität, die mächtig genug gewesen wäre, den Handel an der Atlantikküste in die Hand zu bekommen; und während der großen Wirtschaftsdepression des 14. Jahrhunderts, als sich die Handelsstädte des Mittelmeers der Landwirtschaft und dem Bankwesen zuwandten – als Venedig eine Landmacht, Genua eine Hochburg der Finanz und Barcelona dem Königtum Aragon einverleibt wurde –, behielt Lissabon seinen alten Charakter bei. Es war immer noch eine Hauptstadt von Kaufleuten und Seefahrern, die von Fisch- und Walfang im Atlantik lebten. Es war auch ein wichtiger Hafen auf dem Seeweg von Nord- nach Südeuropa geworden; der Landweg wurde in den Krisenzeiten und wegen der Abgaben, die die Fürsten forderten, immer unbeliebter.

Nach Lissabon, dem neuen Venedig, dem neuen Genua am Atlantik, sollten sich die Erben des alten Venedig, des alten Genua am Mittelmeer

122 Der königliche Kreuzgang in der Abtei von Batalha. Sie wurde erbaut, um den englisch-portugiesischen Seesieg von Aljubarrota (1385) zu feiern.

nun wenden. In der Mitte des 14. Jahrhunderts gingen die aus Italien verdrängten Kaufherren – die Bardi aus Florenz und die Lomellini aus Genua – nach Lissabon, ähnlich wie sich die emigrierten Kapitalisten zur Zeit der Gegenreformation im Amsterdam des 17. Jahrhunderts treffen sollten. Als die Juden 1391 in ganz Spanien niedergemetzelt wurden, flohen die jüdischen Kartographen von Mallorca – die besten Europas, die Hersteller der großen mittelalterlichen „Portulane“ und Seekarten – nach Portugal. Die Erfahrung der Italiener, Flamen und Katalonier in Handel und Wissenschaft verband sich nun mit der in Portugal beheimateten Schiffbautradition; das Ergebnis davon war, daß Portugal zu einer Wirtschafts- und Seemacht wurde, wie es Venedig und Genua gewesen waren und wie Amsterdam es werden sollte.

So kam es, daß Portugal in die europäischen Kriege verwickelt wurde. In den Hundertjährigen Krieg, dem Streit der Feudalherren um französische Territorien, war es als bedeutendster Verbündeter Englands zur See eingetreten. Als Erinnerung an den englisch-portugiesischen Sieg bei Aljubarrota wurde die große Abtei von Batalha gegründet. Die Auswirkungen dieses Krieges und dieses Sieges waren für Portugal jedoch viel entscheidender als für England. Für Portugal waren die Kriegsjahre von 1383 bis 1385 auch eine Zeit der inneren Revolution, die nach außen hin dynastischer Natur zu sein schien, in Wirklichkeit jedoch viel tiefer ging. Diese Revolution hatte politische und wirtschaftliche Hintergründe und war den damaligen Unruhen im übrigen Europa diametral entgegengesetzt. Denn während sich die Fürsten in den anderen Teilen Europas die einstmals freien Städte einverleibten – die Medici wurden die Tyrannen von Florenz, die Visconti jene von Mailand und die Herzöge von Burgund unterwarfen die flandrischen Städte –, vermochte sich die Stadt Lissabon ihre neue Dynastie einzuverleiben. Denn nur in Portugal vermochte das Herrscherhaus die Feudalherren dazu zu bewegen, die dominierende Rolle der Seefahrer und Händler hinzunehmen, die sich im Mittelmeerraum infolge einer sich verhärtenden Gesellschaftsstruktur von der Seefahrt der Landwirtschaft und vom Handel dem Finanzwesen zugewandt hatten. Die Künste in Italien und Flandern waren bestrebt, den neuen Fürstenstaat und die Kirche zu glorifizieren, von denen sie ja lebten. In Portugal hingegen spiegelte sogar die Bildhauerei mit den phantastischen Abbildungen von geflochtenen Tauen und symbolischen Ankern, von Korallen, Muscheln und Wellen den Geist der Seefahrten, des Handels und des weiten Meeres wider.

Das Resultat war eindrucksvoll. Immer mächtigere Schiffe wurden nun unter neuer Führung, mit neuen Geldquellen und neuen technischen Errungenschaften versehen, in den Atlantik ausgesandt; sie waren auf Suche nach dem afrikanischen Gold, das so lange der Motor für den europäischen Handelsverkehr mit dem Osten gewesen war. Das neuerliche Bevölkerungswachstum im 15. Jahrhundert brachte wieder eine Expansionsbewegung ähnlich jener, in deren Verlauf es zu den Kreuzzügen gekommen war; diesmal sollte man jedoch von Portugal aus aufbrechen. Die Pioniere waren nicht ausschließlich Portugiesen. Es waren der Venezianer Alvise de Cadamosto und der Genuese Antoniotto

123 Ein im Auftrag Karls V. hergestellter katalanischer Atlas.

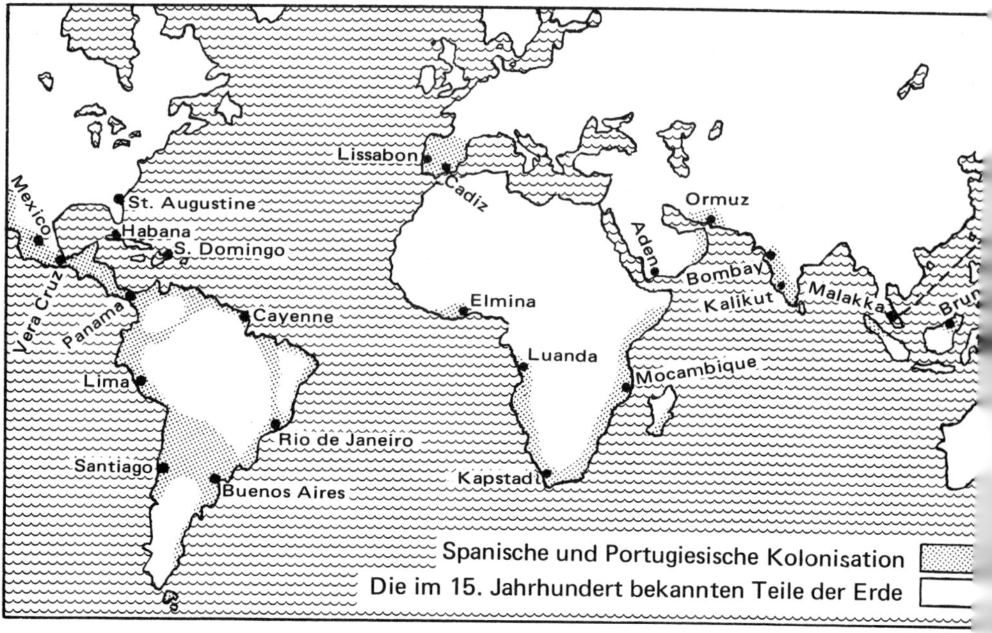

124 Portugiesische und spanische Kolonisation im späten 15. und 16. Jahrhundert.

Usodimare, die im Dienste des Prinzen Heinrich als erste den Äquator erreichten. Auch die Methoden der Kolonisation waren nicht unbedingt portugiesisch; Weinbau und Zuckergewinnung, die die Portugiesen und Spanier auf die atlantischen Inseln brachten, waren schon von den Venezianern und Genuesen auf den Mittelmeerinseln erprobt worden. Kolumbus war Genuese im Dienste Spaniens, Magellan, ein Portugiese, stand ebenfalls in spanischen Diensten; aber die Reisen beider wurden, ebensogut wie jene von Bartholomëu Diaz und Vasco da Gama, eigentlich von Portugal vorbereitet. Von diesem kleinen Winkel Europas aus, infolge dieser vereinzelt auftretenden Revolution von 1383, hatte Europa in einer Zeit der Rezession den Weg nach Amerika, nach Indien und rund um die Erde entdeckt.

Langsam und unter Schwierigkeiten folgten andere Länder dem portugiesischen Vorstoß. Die „feudalen“ Monarchien Westeuropas paßten sich den neuen Gegebenheiten an; das „feudale“ Rittertum, das sich in Anarchie selbst zerfleischt hatte, blickte wieder einmal, so wie im 11. Jahrhundert, über seine Grenze hinaus. Ein neues Zeitalter begann.

Nachwort

Geschichte ist nie zu Ende. Es gibt wohl bedeutende Erfindungen, Entdeckungen und Wendepunkte, sie sind jedoch in ihrer Wirkung nicht endgültig. Große Erfindungen sind nur von lokaler Bedeutung, außer es wird eine Möglichkeit gefunden, sie zu verbreiten. Es dauerte 500 Jahre, bis der Buchdruck seinen Weg von China nach Europa gefunden hatte. Der Fall des Weströmischen Reiches scheint ein großer Wendepunkt gewesen zu sein; und doch war er es, wie wir gesehen haben, auf vielen Gebieten nicht; er bedeutete nur die Abschaffung einer „nutzlosen und kostspieligen Verwaltung" durch eine Gesellschaft, die diese nicht länger benötigte. Die arabischen Eroberungen im Nahen Osten stellten sicher einen großen Bruch in der Tradition dar. Bis dahin waren Syrien und Ägypten Zentren griechischer Zivilisation gewesen; danach wurden sie „arabisch" und sind heute noch Zentren der arabischen Zivilisation. Unter diesem Ansturm wurde sogar Persien arabisiert – dieses größte unter den alten Imperien –, gab es seine jahrtausendealte Religion auf und übernahm die neue, den Islam. Und doch war dieses Ereignis nur zum Teil ein Wendepunkt. Die griechischen Wissenschaften überlebten; alte, vorarabische Kulte machten sich im Rahmen des Islam wieder bemerkbar und wurden geduldet – denn erst im 14. Jahrhundert, diesem Jahrhundert der allgemeinen geistigen Erneuerung, wurde der Islam wie das Christentum seinen Minderheiten gegenüber intolerant. Nach heftigen und kurzfristigen Wirren stellte sich jedoch das Gleichgewicht in seinem alten Zentrum wieder her. Persien absorbierte die arabischen Kalifate wie China die Mongolen. Wann immer wir die Bruchstellen oder Wendepunkte in der Geschichte betrachten, entdecken wir unter dem offensichtlichen Riß an der Oberfläche ein langsam wirkendes Kontinuum. Das soll nicht heißen, daß es die Bruchstellen nicht gegeben hat; sicher gab es sie, und es wäre absurd, sie leugnen zu wollen. Aber sie waren nicht vollständig; es gibt keinen absoluten Bruch in der Geschichte.

Trotzdem müssen Historiker mit absoluten Zäsuren operieren. Ich setze meine in der Mitte des 15. Jahrhunderts an. Natürlich ist diese Zäsur künstlich, und schon höre ich Stimmen, die sowohl das kritisieren, was ich berücksichtigt, als auch das, was ich ausgelassen habe. Warum habe ich mit den portugiesischen Entdeckungsfahrten geendet, wird man mich fragen, als ob sie allein den Weg in die neue Zeit gewiesen hätten? Was ist mit dem italienischen „Quattrocento"? Wenn Heinrich der Seefahrer in die Zukunft blickte, wandte sich etwa Cosimo Medici der Vergangenheit zu? War nicht die „Renaissance" ein ebenso wichtiges Sprungbrett für das moderne Europa wie die Reisen Vasco da Gamas und Kolumbus'; war nicht die Wiederentdeckung Griechenlands ebenso wichtig wie die „Entdeckung" Asiens und Amerikas? Sicher, sicher . . . und doch zweifle ich immer noch daran. Jeder Wandel in der Geschichte, jede Verschiebung im Schwerpunkt der Zivilisation, ist ein vielschichtiger Prozeß, und er wird oft von der alten und reifen Gesellschaftsordnung veranlaßt, die er verändert. Das heißt jedoch nicht, daß das alte gesellschaftliche System das neue hervorbringt. Ebensowenig wie Griechenland Rom hervorbrachte, erschuf Byzanz Italien. Neues Gedankengut wird von den Gesellschaftssystemen, die in die Zukunft weisen, nicht verbreitet, ja nicht einmal unbedingt hervorgebracht, aber es wird von ihnen aufgegriffen und genützt. Die Renaissance in Italien übermittelte ganz Europa die Ideen der Antike. Sie brachte auch modernes Gedankengut hervor, aber wo wurde es aufgegriffen? Die Ideen Macciavellis, Brunos und Galileis fanden in Italien keinen Anklang, denn das dortige Gesellschaftssystem hatte keine Verwendung dafür. In anderen Ländern wurden sie willkommen geheißen, verbreitet und genützt.

Welche Rolle spielt die Kunst – die Kunst der Renaissance und die Kunst im allgemeinen – im Ablauf der Geschichte? Man ist versucht, eine künstlerische Hochblüte als Zeichen sozialer Dynamik zu betrachten, doch stimmt diese Gleichung? „Kunst ereignet sich", sagte Whistler, und manchmal scheint das der beste und einzig mögliche Kommentar zu diesem Thema. Zu manchen Zeiten war Kunst das Ergebnis eines Mäzenatentums; die Art der Kunstförderung spiegelt die Formen der Gesellschaft wider, die nicht immer fortschrittlich waren. Die Städte, die Handelsaristokratien, Fürsten und Päpste förderten die Kunst. Das

Mäzenatentum gedieh oft am besten in einer statischen Gesellschaft, die von einer unproduktiven Aristokratie angeführt wurde, die die Steuergelder verschwendete. Für einen Ökonomen repräsentiert die italienische Renaissance keineswegs gesteigerte Vitalität, sondern die krasse Verschwendung vermehrter Steuereinnahmen, die in einer stagnierenden Wirtschaft keine anderen Verwendungsmöglichkeiten finden konnten. Künstlerisches Genie kann wie jedes andere Genie nicht vorhergesagt werden; wieviel Geld eine Gesellschaft für Kunst ausgibt, hängt jedoch weniger von ihrer Vitalität als von ihrer politischen Form ab. Der Pseudofeudalismus des Spätmittelalters brachte ebenso wie die Fürstenhöfe und der Vatikan im 17. Jahrhundert Werke von vollendeter Schönheit hervor. Aber wer würde daraus den Schluß ziehen, daß ihre Gesellschaftsformen fortschrittlich waren?

So bleibe ich, zwar etwas widerstrebend, bei meiner Einstellung und setze, da ich mich nun einmal zu einer Zäsur bekennen muß, den Beginn der europäischen Vorherrschaft nicht mit der Renaissance an, diesem letzten wundervollen Aufblühen des mittelalterlichen Italien, sondern mit den großen Entdeckungsreisen der Länder an der Atlantikküste, die für ihre neuen Ziele die Kenntnisse der älteren Welt nutzten. Von diesem Zeitpunkt an, scheint mir, kann man trotz einer allgemeinen Geschichtskontinuität ein neues Zeitalter datieren. Deshalb kann ich mein Buch nun abschließen. Denn in diesen Seiten wollte ich nur über jene Jahrhunderte vor dem großen „Start" Europas, über jene Jahrhunderte der Wiederbelebung, schreiben, die im heutigen Geschichtsunterricht mehr und mehr vernachlässigt werden. Wie fern scheinen sie! Und doch, sind sie es wirklich? Unsere Vorfahren im 18. Jahrhundert taten sie als Jahrhunderte der Barbarei ab. Unsere Vorfahren im 19. Jahrhundert lehnten die Verachtung der Aufklärer ab und betrachteten diese Zeitspanne durch einen romantichen Schleier; dadurch erschien sie noch ferner. Einige moderne Historiker tun so, als ob das ganze Mittelalter aus der Verwaltungstätigkeit der Erzdiözesen bestanden hätte. Ich hingegen glaube, daß uns diese Zeit weit näher steht, als gemeinhin angenommen wird. Es ist immer riskant, historische Parallelen zu ziehen, allgemeine Grundsätze jedoch können sogar aus zeitlich und örtlich weit entfernten Gesellschaftssystemen gewonnen werden. In diesem Überblick habe ich bestimmte allgemeine Grundsätze zur Sprache gebracht, die für andere Gesellschaftsformen und für andere Zeiten durchaus anwendbar sein mögen. Einige davon können sogar auf unsere Zeit angewendet werden.

Aus meinen Ausführungen ergab sich beispielsweise: Auch wenn die Wiederbelebung einer Gesellschaft niemals automatisch erfolgt, muß ihr Niedergang doch nicht endgültig sein. Der Fortschritt entwickelt sich nicht unbedingt geradlinig oger gar kontinuierlich, da sich immer wieder Hindernisse dem Lauf der Geschichte entgegenstellen: gesellschaftliche Versteinerung, politischer Verfall, Bevölkerungsverschiebungen, Krankheiten, Zufälle und das gesamte Register menschlichen Verbrechens und menschlicher Dummheit. Infolge dieser Hindernisse ist Geschichte ein Bericht über soziale Kräfteverhältnisse, über die Verjüngung oder Verkalkung von Institutionen, über fruchtbaren oder unfruchtbaren Gedankenaustausch. Wir können heute unseren eigenen Platz im Ablauf der Geschichte erkennen. Wir haben nach einer langen Periode der Vorherrschaft eine Strukturkrise durchgemacht, die mit jener des 14. Jahrhunderts verglichen werden kann. Wir erlebten den Verlust unserer Kolonien, wir erlebten unser Mongolenreich, unsere sozialen Unruhen und unseren Hundertjährigen Krieg. Aber deswegen annehmen zu müssen, daß die europäische Geschichte beendet ist, wäre meiner Meinung nach falsch. Die Geschichte der Vergangenheit mag zum Verständnis dessen beitragen, was einer der bedeutendsten lebenden Historiker, der Niederländer Pieter Geyl, „die Lebenskraft der westlichen Zivilisation“ genannt hat.

Zeittafel

96–180	Das Zeitalter der Antoninen
117–138	Kaiser Hadrian
161–180	Kaiser Mark Aurel
193–211	Kaiser Septimius Severus
218–222	Kaiser Heliogabal
224–640	Herrschaft der Sassaniden in Persien
260	Gefangennahme des römischen Kaisers Valerian durch die Perser
270–275	Kaiser Aurelian
276	Kreuzigung Manis in Persien
284–305	Kaiser Diokletian
303–312	Diokletianische Christenverfolgung
306–337	Konstantin der Große
325	Bekehrung Konstantins zum Christentum
330	Verlegung der Reichshauptstadt nach Konstantinopel
361–363	Kaiser Julian Apostata
379–395	Kaiser Theodosius der Große
354–430	Hl. Augustinus
406–409	Einbruch der Vandalen in Gallien und Spanien
410	Einnahme Roms durch Alarich
445–453	Einbruch der Hunnen unter Attila
455	Plünderung Roms durch die Vandalen
474–491	Oströmischer Kaiser Zeno
476	Ende des Weströmischen Reiches
480–543	Hl. Benedikt von Nursia
489–526	Herrschaft des Ostgotenkönigs Theoderich über Italien
527–565	Kaiser Justinian
550	Einbruch der Awaren in Europa
etwa 565	Gründung des Klosters Iona durch den hl. Columban
568	Einbruch der Langobarden in Italien (Zerstörung des Klosters Monte Cassino 581)
590–604	Papst Gregor der Große
609	Gründung des Klosters Luxeuil durch den hl. Columban
622	Auswanderung Mohammeds von Mekka nach Medina (Hedschra)
626	Sturm der Awaren auf Konstantinopel

635–644	Eroberung Syriens, Persiens, Ägyptens und Libyens durch die Mohammedaner
672–678	Belagerung Konstantinopels durch die Araber
672–735	Beda Venerabilis
711–716	Eroberung Spaniens und Portugals durch die Araber
717–718	Zweite Belagerung Konstantinopels durch die Araber
721	Plünderung des Klosters Luxeuil durch die Araber
725–754	Christianisierung der Germanen durch den hl. Bonifatius
732	Sieg Karl Martells über die Araber zwischen Tours und Poitiers
768–814	Regierung Karls des Großen
793	Plünderung von Lindisfarne durch die Wikinger
858–886	Photius Patriarch von Konstantinopel
859	Eindringen der Wikinger in den Mittelmeerraum
862	Begründung einer Dynastie der Waräger in Rußland (Rurikiden)
878	Eroberung Siziliens durch die Araber
910	Gründung des Klosters Cluny
980–1037	Avicenna (Ibn Sina)
994	Plünderung des Klosters Monte Cassino durch die Araber
1020–1053	Eroberung Süditaliens durch die Normannen
1059	Bündnis zwischen Papst und Normannen

1061–1091	Eroberung Siziliens durch die Normannen
1066	Eroberung Englands durch die Normannen
1071	Niederlage der Byzantiner bei Malasgird, Verlust Kleinasiens an die Seldschuken
1073–1085	Papst Gregor VII.
1077	Kaiser Heinrichs IV. Gang nach Canossa
1097–1142	Peter Abaelard
1085	Eroberung Toledos durch spanische Christen
1095–1099	1. Kreuzzug
1098	Gründung des Zisterzienserordens
1126–1198	Averroës (Ibn Roschd)
1147–1149	2. Kreuzzug
1147	Eroberung Lissabons durch die Christen
etwa 1150	Bildung der Universitäten Paris und Oxford
1154–1189	König Heinrich II. von England
1155	Verbrennung Arnolds von Brescia in Rom
1171	Eroberung Irlands durch die Engländer
1174–1193	Saladin Sultan von Ägypten und Syrien
1189–1192	3. Kreuzzug
1190	Gründung des Deutschen Ritterordens
1198–1216	Papst Innozenz III.
1204	4. Kreuzzug: Plünderung Konstantinopels und Errichtung des Lateinischen Kaisertums
1206–1227	Herrschaft Dschingis-Khans
1209–1229	Albigenserkriege in Südfrankreich

1212–1250	Regierung Kaiser Friedrichs II., des „Stupor mundi“
1216–1227	Papst Honorius III., Bestätigung des Dominikaner- und Franziskanerordens
1226–1270	Ludwig IX. der Heilige, König von Frankreich
1226–1283	Eroberung Preußens durch den Deutschen Ritterorden
1229	Gründung der Universität Toulouse
1240–1241	Plünderung von Kiew, Budapest und Breslau durch die Mongolen
1242	Sieg Alexander Newskijs über den Deutschen Ritterorden
1244	Endgültiger Verlust Jerusalems
1245	Ankunft Giovanni del Carpines in Karakorum
1252	Prägung von Goldmünzen in Italien
1252–1517	Herrschaft der Mameluken in Ägypten
1254	Ankunft Wilhelms von Rubruk in Karakorum
1255–1269	Aufenthalt Niccolò und Matteo Polos in China
1258	Einnahme Bagdads und Vernichtung des Kalifats durch die Mongolen
1259–1294	Herrschaft Kublai-Khans
1261	Rückeroberung Konstantinopels durch die Griechen
1265–1321	Dante Alighieri
1268	Eroberung Neapels durch die Anjous
1271–1292	Marco Polo in China
1279–1280	Kublai-Khan vollendet die Eroberung Chinas und gründet die mongolische Yüan-Dynastie
1291	Fall Akkons
1298	Bankrott der Buonsignori in Siena
1309–1376	„Babylonische Gefangenschaft“ der Päpste
1311	Schlacht am Kephisos
1323–1328	Unruhen in Flandern
1328–1384	John Wiclif
1332–1406	Ibn Chaldun
1337–1410	Jean Froissart
1345	Bankrott der Bardi und Peruzzi in Florenz
1346	Schlacht von Crécy
1348–1350	Pest in Europa
1357	Jacquerie in Frankreich
1366	Errichtung der Hauptstadt der Osmanen in Adrianopel
1368–1644	Ming-Dynastie
1378–1417	Schisma in der römisch-katholischen Kirche
1379–1382	Aufstände in Flandern (Philipp van Artevelde) und in Italien (Ciompi)
1380–1405	Aufstieg Timurs (Tamerlans)
1381	Bauernaufstände in England
1382	Verdammung der Lehren Wiclifs
1383–1385	Einrichtung einer neuen Dynastie in Portugal, Schlacht bei Aljubarrota (1385)
1391	Allgemeine Judenverfolgung in Spanien
1405	Eroberung Ceylons durch die Chinesen. Beginn der chinesischen Expansion zur See in Richtung Westen

1415	Verbrennung von Johannes Hus
1419–1436	Hussitenkriege in Böhmen
1420	Einnahme von Madeira durch die Portugiesen. Beginn der portugiesischen Expansion nach Übersee
1444	Schlacht bei Varna. Beginn der türkischen Expansion in Europa
1453	Einnahme Konstantinopels durch die Türken
1479	Eroberung Albaniens durch die Türken
1487–1492	Endgültige Wiedereroberung Spaniens durch die Christen
1492	Entdeckung Amerikas durch Kolumbus
1498	Entdeckung des Seeweges nach Indien durch Vasco da Gama

Bibliographie

Die Phasen des Fortschritts

Die bedeutenden Werke der „soziologischen“ Geschichtsschreibung des 18. Jahrhunderts, auf die ich mich beziehe, sind: „Essai sur les Mœrs“ (1754–1769) von Voltaire, „History of England“ (1754–1761) von Hume, „History of Charles V“ (1769) und „History of America“ (1788) von William Robertson und natürlich das bedeutendste Werk von allen: „The Decline and Fall of the Roman Empire“ (1776–1787) von Edward Gibbon. Sie alle waren besonders von Montesquieus Werk „De l'Esprit des Lois“ (1748) beeinflußt. Ibn Chalduns berühmtes geschichtsphilosophisches Werk „Muqaddima“ wurde 1377 verfaßt; ich habe einen Aufsatz darüber in meinem Werk „Historical Essays“ (London 1957) geschrieben. Eine englische Übersetzung von „Muqaddima“ wurde von F. Rosenthal veröffentlicht (New York 1958).

Die Vorliebe des 15. Jahrhunderts für Verfall und Tod wird in jeder Abhandlung über seine Kunst offenbar. Ich denke dabei besonders an Alberto Tenenti: „La Vie et la Mort à travers l'Art du XVe siècle“ (Paris 1952) und an das großartige Werk von Emile Mâle, dessen Arbeit „L'Art Religieux... après le Concile de Trent“ (Paris 1951) ich die Zitate über Michelangelo entnommen habe. Die Bemerkungen von Busbequius über die Bedrohung durch die Türken entstammen seinen vier langen Briefen aus Konstantinopel, die in lateinischer Sprache verfaßt sind.

Die zumindest theoretischen wissenschaftlichen Leistungen der Byzantiner im 6. Jahrhundert nach Christus sind bei S. Sambursky, „The Physical World of Later Antiquity“ (London 1962) beschrieben. Die Errungenschaften, die die Europäer China verdanken, schildert Joseph Needham in „Science and Civilisation in China“ (Cambridge 1954).

Dem Begriff „Renaissance“ haben die Gelehrten in letzter Zeit große Beachtung geschenkt. Über die Bedeutung der Erfindung dieser Bezeichnung durch Michelet siehe Lucien Fèbvres Aufsatz „Comment Jules Michelet inventa la Renaissance“ in seinem Werk „Pour une Histoire à part Entière“ (Paris 1962). Heute neigen die Gelehrten dazu, die Bedeutung der Renaissance des 15. Jahrhunderts abzuschwächen und die Errungenschaften, die ihre Vorgänger im 15. und 16. Jahrhundert konzentriert glaubten, auf andere Perioden aufzuteilen.

Das Ende der Antike

Meine Darstellung vom Niedergang Roms stützt sich weitgehend auf die Arbeiten von Ferdinand Lot („La Fin du Monde Antique et le Début du Moyen Age", Paris 1951), von Michail Rostovtzeff („Social and Economic History of the Roman Empire", 2. Auflage, 2 Bde., Oxford, 1957) und von Ernst Stein („Histoire du Bas Empire", 2 Bde., Brüssel, 1949, 1959). Rostovtzeffs Theorie, daß die Armee der Landbevölkerung zum Sieg über die Städte verholfen hätte, ist bestritten und als übertrieben bezeichnet worden (siehe Norman Baynes, „Byzantine Studies and Other Essays", London 1955, S. 307 ff.); die Verbäuerlichung des Reiches im 3. Jahrhundert scheint jedoch unbestreitbar. Zum Thema Städte vergleiche A. H. M. Jones „The Greek City" (Oxford 1940). Für die Darstellung der Mysterienkulte habe ich hauptsächlich das hervorragende Werk von Franz Cumont, „Les Religions Orientales dans le Paganisme Romain" (Paris 1909), und für Persien R. C. Zaehner „The Dawn and Twilight of Zoroastrianism" (London 1961) und F. C. Burkitt, „The Religion of the Manichees" (Cambridge 1925) benützt. Das Christentum in Ägypten und Nordafrika wird bei W. H. Frend, „The Donatist Church" (Oxford 1952) und „The Failure of the Persecutions in the Roman Empire" in „Past and Present", Nr. 16 (1959) beschrieben. Daß die Irrlehren ebenso nationalen wie sozialen Ursprungs waren, wurde von A. H. M. Jones (in „Journal of Theological Studies", 1959) bezweifelt; ich glaube allerdings, daß er Nationalismus in einem zu eng gesteckten, politischen Rahmen sieht; ich bin überzeugt, daß Irrlehren das Bewußtsein nationaler Eigenart, ungeachtet irgendwelcher politischer Pläne, unterstreichen und finde es schwierig, ein derart allgemeines Phänomen mit Hilfe einer anderen Hypothese zu erklären. Für die Einfälle der Barbaren bleibt Thomas Hodgkin, „Italy and Her Invaders" (4 Bde., Oxford 1892), die beste erzählerische Quelle.

Das frühe Mittelalter

Das Werk Henri Pirennes „Mahomet et Charlemagne" verursachte zahlreiche Kontroversen, die in „The Pirenne Controversy" gesammelt worden sind, einem Band der Reihe „Problems in European History", herausgegeben von Alfred F. Havinghurst (Boston 1958). Für die Einbrüche der Nomaden benützte ich vor allem E. A. Thompsons „A History of Attila and The Huns" (Oxford 1948) und E.-F. Gautier, „Genseric Roi des Vandales" (Paris 1951). Meine Kenntnisse über die Kamelnomaden verdanke ich E.-F. Gautier, „Le Passé de l'Afrique du Nord:

Le Siècles Obscurs“ (Paris 1942), und meine Kenntnisse über Persien Arthur Christensen, „L'Iran sous le Sassanides“ (2. Auflage, Kopenhagen 1944). Ein lebendiges Bild des Mönchstums im frühen Mittelalter gibt Christopher Dawson, „Religion and the Rise of Western Culture“ (London 1950). Über die Bedeutung der Wikinger für das Wirtschaftsleben dieser Zeit schrieben A. R. Lewis, „The Northern Seas“ (Princeton 1958), und Sture Bolin, „Mohammed, Charlemagne and Ruric“ in „Scandinavian Historical Review“, I. (1953). Das große Werk über den frühen Sklavenhandel stammt von C. Verlinden, „L'Esclavage dans l'Europe Médiévale“ (1. Bd., Brügge 1955); vergleiche hiezu Marc Bloch, „Le Problème de l'Or au Moyen Age“ (in „Annales d'Hist. Econ. et Soc.“ V.) und Maurice Lombard, „L'Or Muselman du VIIe au XIe Siècle“, in „Annales, Economies, Sociétés, Civilisations“, 1947. Zur Geschichte des Steigbügels siehe schließlich Lynn White jr., „Medieval Technology and Social Change“ (Oxford 1961), und zu einigen allgemeinen Beobachtungen über die Nomaden und die großen Pferde der Perser vergleiche William McNeill, „The Rise of the West“ (Chikago 1963).

Die Kreuzzüge

Über die Kreuzzüge gibt es zahlreiche Arbeiten, beginnend mit „The Holy War“ (1639) von Thomas Fuller. Der modernste Beitrag für die englischsprachige Welt stammt von Sir Steven Runciman, „A History of the Crusades“ (3 Bde., Cambridge 1951–54). Einen kurzen Abriß gibt auch Sir Ernest Barker („The Crusades“ in „The World's Manuals“, 1952); Voltaires Beitrag finden wir in „Essai sur le Mœrs“. Die landwirtschaftlichen Veränderungen beschreibt der von mir oft zitierte Lynn White in „Medieval Technology and Social Change“, seine Abhandlung über den Pflug ist jedoch heftig kritisiert worden (siehe R. H. Hiltons Rezension in „Past and Present“, Nr. 24, April 1963). Das Standardwerk über den Pflug stammt von Francis Payne, „The Plough in Ancient Britain“, in „Archaeological Journal“, CIV (1947). Die Hintergründe der christlichen Reconquista in Spanien, den Einfluß Clunys und den Kult in Santiago de Compostela behandelt Américo Castro, „España en su historia“, und Gerald Brennan in seinem ausgezeichneten Werk, „The Literature of the Spanish People“ (Cambridge 1951). Das Vordringen in die deutschen Ostgebiete schildert F. L. Carsten in „The Origins of Prussia“ (Oxford 1954). Was das Wiederaufleben der Städte betrifft, habe ich mich weitgehend auf Henri Pirenne gestützt, auf „Les villes et les institutions urbaines“ (Paris 1939), auf Yves Renouard, „Les Hommes d'Affaires Italiens du Moyen Age“ (Paris 1949), auf J. Lestocquoy, „Les Villes de Flandre et d'Italie“ (Paris 1952), und auf Fritz Rörig, „Die europäische Stadt im Mittelalter“ (Göttingen 1955); über das Wiederaufkommen der Goldmünzen siehe Marc Bloch, „Le Problème de l'Or au Moyen Age“, in „Annales d'Hist. Econ. et Soc.“, V., und „Esquisse d'Histoire Monétaire“ (Paris 1949).

Die mittelalterliche Renaissance

Das bedeutendste Werk über dieses Thema ist „The Renaissance of the Twelfth Century" (Cambridge, Mass. 1927) von C. H. Haskins. Zu den Konflikten, die durch die neuen Wissenschaften hervorgerufen wurden, vergleiche G. Paré, A. Brunet, P. Tremblay, „La Renaissance du XIIe Siècle (Paris und Ottawa 1933); zu den Universitätsgründungen Hastings Rashdall, „Universities of Europe in the Middle Ages" (Neuauflage Oxford 1936); zu den Irrlehren vergleiche H. C. Lea, „The History of the Inquisition in The Middle Ages". Eine gute allgemeine Darstellung bietet „The Evolution of Medieval Thought" (London 1962) von David Knowles. William Stubbs, „Seventeen Lectures on the Study of Medieval and Modern History" (3. Auflage, Oxford 1900) enthält nützliche Aufsätze über das geistige Leben am Hofe Heinrichs II. Das Zitat von Macaulay ist seinem Essay über Rankes „Geschichte der Päpste" entnommen.

Europa wendet sich dem Westen zu

Das Scheitern der Franken in Griechenland bildet den Gegenstand für das umfassende Werk von W. Miller, „The Latins in the Levant" (London 1908), ihr Scheitern in Palästina wird eher kurz in Sir Steven Runcimans Aufsatz, „The Families of Outremer" (London 1960) behandelt. Die verschiedenen Krisen der Bankhäuser werden von Yves Renouard in „Les Hommes d'Affaires Italiens du Moyen Age" (Paris 1949) beschrieben. Über die Pest schrieben L. F. Hirst, „The Conquest of Plague" (Oxford 1953), Charles Creigthon, „A History of Epidemics in Britain" (Cambridge 1891), C. Verlinden, „La Peste Noire en Espagne" in „Revue Belge de Philosophie et d'Histoire" (1938), und Robert Höniger, „Gang und Verbreitung des Schwarzen Todes in Deutschland..." (Berlin 1881). Auch die „Reaktion" der Großgrundbesitzer muß in der jeweiligen Landesgeschichte ausfindig gemacht werden. Die Investitionen von Städten wie Venedig und Barcelona in Landbesitz ist zum Beispiel von Roberto Cessi, „Storia della Repubblica di Venezia" (Mailand 1946) und von J. Vicens Vives, „Historia Social y Económica de España" (Barcelona 1959), dargestellt worden. Die Verwandlung der Klöster in Großgrundbesitzer wird, zumindest für England, in den Arbeiten von David Knowles anschaulich dargestellt – vielleicht am anschaulichsten in der Sammlung von Porträts, die diesen Arbeiten entnommen und unter dem Titel „Saints and Scholars" (Cambridge 1962) publiziert wurden. Der Spezialist, den ich bezüglich der Einverleibung der Zehente zitiert habe, ist G. C. Coulton, „Scottish Abbeys and Social Life" (Cambridge 1932). Mein Zitat ist seinem Werk „Economic and Social History of Medieval Europe" (London 1937) entnommen. Über die Unruhen in den italienischen Städten vergleiche N. Rodolico, „I Ciompi" (Florenz 1945); über Böhmen schrieb Karl Kautsky, „Communism in Central Europe" (London 1897).

Die Mongolen beschrieb R. Grousset, „L'Empire des Steppes“ (Paris 1939); die Verbreitung technischer Errungenschaften während der Mongolenzeit erforschte besonders T. F. Carter, „The Invention of Printing in China and its Spread Westward“ (2. Auflage, New York 1955).

Der Aufstieg Portugals zur Seemacht kann bei E. A. Prestage, „The Portuguese Pioneers“ (London 1933), verfolgt werden; eine Erklärung für dieses Phänomen habe ich in einem sehr interessanten Buch gefunden und deshalb führe ich es an, obwohl es in portugiesischer Sprache abgefaßt ist: Vitorino Magelhães Godinho, „A Economia dos Descubrimentos Henriquinos“ (Lissabon 1963).

Bildnachweis

1 Der Münzmeister versieht Papiergeld in Gegenwart des Großkhans mit dem Staatssiegel. Aus „Livre des Merveilles"; spätes 14. Jahrhundert. Bibliothèque Nationale, Paris.

2 Weltkarte aus Ibn Chalduns „Muqaddima"; 14. Jhdt., Bibliothek Atif Effendi, Istanbul.

3 „Totentanz". Wandmalerei aus der Kirche La-Chaise-Dieu, Haute Loire; um 1465. Photo: Archives Photographiques.

4 Grabmal der Herzogin Alice von Suffolk in St. Mary, Ewelme, Oxon. Photo: Bildarchiv Radio Times Hulton.

5 Luis de Camões, „Os Lusiades", erste Seite der 1. Auflage 1571. British Museum.

6 „Kaiser Karl V.", Gemälde von Tizian. Alte Pinakothek, München.

7 Darstellung eines aztekischen Künstlers für die „Historia general de las cosas de la Nueva España" des Bruders Bernardino von Sahagun; etwa 1550.

8 Lorenzo Medici, von Michelangelo. Detail der sitzenden Figur seines Grabmales aus der Kirche San Lorenzo in Florenz. Photo: Mansell/Alinari.

9 Justinian und der hl. Benedikt von Nursia bei der Schließung der Platonischen Akademie. Deckenfresko der Bibliothek des Klosters Ottobeuren/Bayern; 1716. Photo: Lala Aufsberg.

10 Steinfiguren der Kathedrale von Chartres; um 1150. Photo: Giraudon.

11 „Die vier Kaiser" (Tetrarchen: Diokletian, Maximian, Konstantius I. Chlorus und Galerius), Porphyrplastik; um 300. San Marco/Venedig. Photo: Max Hirmer.

12 Kriegsgefangener. Von einem Relief des Triumphbogens des Diokletian in Rom; um 300. Photo: Deutsches Archäologisches Institut/Rom.

13 Innenansicht der Hagia Sophia in Istanbul. Photo: Max Hirmer.

14 Theodosius der Große mit seinen Söhnen. Dieses Missorium wurde in Estremadura gefunden; spätes 4. Jhdt. Academia de la Historia, Madrid. Photo: Giraudon.

15 Bildnis des Justinian auf einem Goldsolidus; um 534. British Museum.

16 Justinian und Konstantin bringen ihre Gaben der hl. Jungfrau dar. Mosaik aus der Hagia Sophia in Istanbul. Photo: Max Hirmer.

17 Karte: Das Römische Reich von Trajan bis Justinian.

18 Justinians Gemahlin, Kaiserin Theodora, mit ihrer Dienerschaft. Mosaik aus der Kirche San Vitale, Ravenna; 6. Jhdt.

19 Statue des Julian „Apostata"; um 362. Louvre, Paris. Photo: Max Hirmer.

20 Die römische Stadt Timgad, Algerien; 2. Jhdt. n. Chr. Photo: Compagnie Aérienne Française.

21 „Tepidarium" in den römischen Bädern von Timgad, 2. Jhdt. n. Chr.

22 Das römische Amphitheater in Arles; 2. Jhdt. Photo: Giraudon.

23 Triumphbogen von Palmyra, Syrien; vermutlich 2. Jhdt. n. Chr. Photo: N. J. H. Lord.

24 Säulen des Jupitertempels von Baalbek im Libanon; um 60 n. Chr. Photo: Sir Mortimer Wheeler.

25 Porta Nigra in Trier; 4. Jhdt. Photo: Landesmuseum Trier.

26 Römisches Grabmal aus Neumagen, Deutschland; frühes 3. Jhdt. Landesmuseum Trier.

27 Römischer Aquädukt (Pont du Gard) in der Nähe von Nîmes; um 14 n. Chr.

28 Gallischer Bauer, der seine Waren auf den Markt bringt; Marmorrelief aus dem 1. Jhdt. n. Chr. Staatliche Antikensammlungen, München.

29 Bauern und Städter. Relief aus Neumagen, Deutschland; frühes 3. Jhdt. Landesmuseum Trier.

30 Der Hadrianswall bei Housesteads; 121–126 n. Chr. Photo: Ministry of Public Buildings and Works.

31 Zeitgenössische Marmorbüste Kaiser Hadrians. British Museum. Photo: Edwin Smith.

32 Das sassanidische Felsrelief von Naqsch-i Rustem verherrlicht die Siege Schahpurs I.; spätes 3. Jhdt. Photo: John Russel.

33 Stieropfer. Relief aus dem Mithräum unter dem Kapitol, Rom. Louvre, Paris. Photo: Mansell/Alinari.

34 Fresko, das vermutlich Mani und seine Jünger darstellt; 9. Jhdt., Turfan, Sinkiang.

35 Kopf der Serapis. Aus dem Walbrook-Mithräum, London; spätes 2. Jhdt. n. Chr.; Guildhall Museum.

36 Isiskult. Fresko aus Herculanaeum; 1. Jhdt. n. Chr., Museo Nazionale, Neapel. Photo: André Held.

37 „Christos Helios". Mosaik des Grabmales M unter dem Petersdom, Rom; vermutlich 3. Jhdt. Photo: Reverenda Fabbrica della Basilica di San Pietro.

38 Die „Konstantinische Schenkung". Fresken in der Kirche Santi Quattro Incoronati, Rom; 13. Jhdt. Photo: Mansell/Anderson.

39 „Die Versuchung des hl. Antonius" (Detail) von Hieronymus Bosch. Prado, Madrid. Photo: Mas.

40 „Der hl. Hieronymus in der Wüste" von Hieronymus Bosch. Dogenpalast, Venedig. Photo: Mansell.

41 „Vivarium". Staatliche Bibliothek Bamberg.

42 Silberpfennig (denarius) mit dem

Bildnis Karls des Großen, 814. Staatliche Museen, Berlin.

43 Reliquiar Karls des Großen; um 1350. Aachener Domschatz. Photo: R. W. Schlegelmilch.

44 Bildnis des Königs Offa (755–796) auf einer Silbermünze, die während seiner Regierungszeit geprägt wurde. British Museum.

45 In Rom gefundener Golddenar des Königs Offa. Photo: Mansell.

46 Vandalischer Grundbesitzer. Mosaik aus Karthago; um 500. British Museum.

47 Berittener Barbar. Relief am Grabstein von Hornhausen bei Magdeburg; um 700. Landesmuseum für Vorgeschichte, Halle.

48 Gepanzertes byzantinisches Pferd mit „Kataphrakt". Chinesische Plastik; Wei-Dynastie (265–420); Musée Cernuschi, Paris.

49 Jagdszene: Chosroes II., sassanidische Silberschale aus Kerman; 6. Jhdt. n. Chr., Sammlung Foroughi, Teheran. Photo: Publications Filmées d'Art et d'Histoire.

50 Einhöckerige arabische Kamele, aus „Al-Hariri"; 1237. Bibliothèque Nationale, Paris.

51 Heraklios mit dem Kreuz Christi. Relief auf einer zeitgenössischen Münze. Guildhall Museum. Photo: P. D. Whitting.

52 Sturm der Perser auf Konstantinopel, 626. Slawische Kopie der „Chronik des Menasses", 1345. Biblioteca Apostolica Vaticana, Rom.

53 Kämpfe zwischen Arianern und Christen, aus den „Predigten des hl. Gregor von Nazianz"; um 880. Bibliothèque Nationale, Paris.

54 Griechisches Feuer, aus dem „Skylitzes Codex"; um 1300. Biblioteca Nacional, Madrid. Photo: Mas.

55 Der hl. Benedikt von Nursia, Fresko aus der Krypta von San Crisogeno in Trastevere, Rom; spätes 9. Jhdt. Photo: Brompton Studio.

56 Karolingischer Codex mit der benediktinischen Ordensregel. Stiftsbibliothek St. Gallen, Schweiz, Cod. 914.

57 Keltisches Kloster auf der Insel Devenish im Lough Erne, Nordirland; 6. Jhdt. Photo: J. K. St. Joseph, Vervielfältigungsrecht der Krone vorbehalten.

58 Geschnitzter Kopf vom Oseberggrab; 9. Jhdt. Universitetets Oldsaksamling Oslo.

59 Geschnitzter Bug des Osebergschiffes; 9. Jhdt. Universitetets Oldsaksamling, Oslo.

60 Der hl. Adalbert von Prag mit Herzog Boleslaw I. von Polen und einem jüdischen Sklavenhändler. Bronzerelief vom Tor der Kathedrale von Gnesen; 12. Jhdt. Archäologisches Museum Warschau. Photo: J. Biniewski.

61 Karte: Eroberungen der Araber im 7., 8. und 9. Jhdt.

62 Versilberter Steigbügel; 12. Jhdt. Istorinis Muziejus, Kaunas, Litauen.

63 Gepanzerter Ritter, Relief von der Kirche Notre Dame de la Règle, Limoges; wahrscheinlich 12. Jhdt. Musée municipale, Limoges.

64 Gregor der Große. Ausgabe seines „Kommentars zu Ezechiël", 11. Jhdt.

65 Kreuzfahrer, aus einem englischen Psalter, 13. Jhdt.; British Museum.

66 Kaiser Alexios Komnenos, Mosaik

Aus der „Geschichte Timurs“ von Sharif ad-Din Ali Yazdi; 15. Jhdt. Metropolitan Museum of Art, New York.

118 Prinz Heinrich „der Seefahrer“. Aus einem Triptychon von Nuno Gonçalves; um 1458. Museu Nacional de Arte Antiga, Lissabon.

119 Zunftprüfung. British Museum.

120 Elfenbeinstatuette eines chinesischen Beamten; Ming-Dynastie (1368–1644). Sammlung des Königs von Schweden.

121 Lissabon im 16. Jhdt. Kupferstich aus „De Civitates Orbis Terrarum“ 1. Buch, 1572. British Museum.

122 Der königliche Kreuzgang in der Abtei von Batalha, Portugal; 1385. Photo: Yan.

123 Detail aus dem für Karl V. geschaffenen Atlas von Abraham Cresques. Bibliothèque Nationale, Paris.

124 Karte: Portugiesische und spanische Kolonisation im späten 15. und 16. Jhdt.

Register